さらにパワーをいただける

神社の謎

合田道人

祥伝社黄金文庫

第1章

第2章

本当のパワーをいただくために守らなくてはならないエチケットを勉強する……33

第3章

これからが「おかげ年」！ 今こそパワスポへ行く時期なのだ ～伊勢・出雲編～……85

第4章

第5章

本書は祥伝社黄金文庫のために書下ろされました。

編集協力：山下清五　山田守諒
装丁：静野あゆみ（Harilon design）
イラスト：すげさわかよ　図版：J-ART

第1章

最大の神様ブームは、まぎれもなく「今」

2013年秋に発売した自著『全然、知らずにお参りしてた　神社の謎』を皆さんにたくさん読んでいただいた。2013年は伊勢神宮《いせじんぐう》、出雲《いずも》大社のご遷宮《せんぐう》が60年ぶりに重なり、そこに近年来の〝パワースポット〟ブームがのっかり、〝こんなにまで日本人は神社が好きだったのか？〟と思うほどに神社参拝に訪れる人が多かった。

さらに2014年10月には、高円宮《たかまどのみや》家の次女、つまり大正天皇のひ孫にあたる典子《のりこ》さまと出雲大社の神職、千家国麿《せんげくにまろ》禰宜《ねぎ》のご成婚。

皇室と出雲国造《こくそう》家との婚姻は、日本の歴史上でも実に重大な意味を持つことになろう。これぞ伊勢と出雲の合体であり、それは神社への関心をさらに高めることになる。

お二人の出会いは2007年。典子さまが母の久子《ひさこ》さまとともに出雲大社を参拝された際だった。出雲大社は、いにしえより〝出会いの神〟〝結びの神〟の代名詞とされてきた。ここで出会った後に、二人は交際を深め結婚の意思を固めていったという。

2014年は遷宮の年の翌年に当たる。遷宮翌年は〝おかげ年〟と呼ばれ、景気が上向きになったり、結婚する人の数が急増したりするデータが残されているのだ。まさに〝おかげ年〟の謂《いわ》れのとおりに、わが国は動いている。いや、動かされる運命とともに歩んでいるのである。

〝おかげ年〟は、遷宮の年より、さらにパワーアップされる年なのである。
いや、ちょっと待った！　遷宮とは何ぞや？　という方のために。

遷宮って何？

遷宮とは、神様に新たなお住まいへと遷っていただく儀式。神様のお引っ越しである。それを周期的に伊勢神宮では20年、出雲大社では60年というような形に定めているのだ。出雲の約60年周期は人生そのものという意味にもとれる。還暦は60歳をさし、生まれてから一巡し、起算点となった年の干支《えと》に戻る。つまり0へのリセットである。

と、なれば伊勢の20年は、成人を示すことになる。幼少期から大人への衣替えということになろうか？　神の住む場所はいつもすがすがしく、爽《さわ》やかで清らかでなくてはならないのだ。そのためいつまでも新しく、いつまでも変わらぬ若々しい姿を求め、永遠を目指したものこそが遷宮だといえる。遷宮によって国全体の魂も若返り、新鮮な命が再生されるという考えがその土壌にはあるのだ。ところがその二社の遷宮の様子は、全く異なる。出雲は60年の長きにわたり、風雨にさらされてきた屋根を修理する。しかし建物はまだ使える材料はできるだけ残し、生かすのである。国宝のゆえんだ。

しかし、一方の伊勢は社殿を丸ごと立て直すのである。

その遷宮が奇《く》しくも同じ年に重なって行なわれたのだから、その強大なパワーと満ち溢《あふ》れる氣の充満は、日本中を駈け巡った。

それを寿《ことほ》いで、まるで〝引っ越し祝い〟にでも駈けつけるように、人々は伊勢に、出雲にと足を運んだわけである。

2013年5月に〝平成の大遷宮〟を済ませた出雲大社に参拝した人の数は、過去最高の804万人にも上った。一方の伊勢神宮は、1420万5000人ほど。こちらも過去最多の参拝者数である。戦後になってから過去3回、伊勢神宮は遷宮している。それぞれの年の参拝者数を見てみると……。

昭和28(1953)年が戦後1度目。この年は出雲大社にとっては前回の遷宮、〝昭和の大遷宮〟の年にも当たっている。60年前に伊勢と出雲の遷宮が重なった年であるが、その年の伊勢の参拝者は約482万人。これでもかなりの数ではあるが、今回はそのときより約1000万人近くも多い参拝者が訪れている。

その20年後の昭和48（1973）年の遷宮の際には、約859万人が詣《もう》で、さらに20年後の平成5（1993）年には、約839万人の参拝者数だったから、どれほど62回目の今回の遷宮に伊勢参りした人がいたのか、一目瞭然である。この人数は、それこそ遷宮が始まった1300年以上の歴史の中でもっとも多いということになる。一種の〝神様ブーム〟ともいう時期こそ、まぎれもなく「今」なのである。

ある意味、科学が発達した現代になぜ、神という目で見ることのできない非現実的なものを求めて、多くの人が集《つど》うのだろう?

遷宮が重なったことで神への関心が高まったのは否定できまい。60年に1回しか重ならない遷宮年に、伊勢と出雲を回っておきたいという思いが拡がったというのだろう。私の前著の『神社の謎』にも、〝60年後に誰ひとりとしてお参りできるかどうか確証はない〟と書いた。そこに社会への不安や不満、東日本大震災などの天災、事故などへの鎮魂の思いが重なった。しかし、根本にあるのは、人それぞれの〝心〟なのである。

誰でも自分が不幸であるよりは幸せでいたいと思う。病《やま》いを得るよりは健康でいたいのは当たり前だし、金もないよりはあったほうがいいに決まっている。

そんなごくごく普通の願いこそが、〝心〟〝魂〟をゆり動かした結果ではないのか。何かにすがる、何かを求めるという〝心〟の現れが、この参拝者数の新記録という結果につながったのである。いずれにせよ現代の日本の神社詣では、まさに日本始まって以来の関心ごとであることだけは、間違いなさそうだ。

ところが遷宮が終わったとされる2014年になっても参拝者の数は、一向に減ることがない。今回私が話そうとする、〝遷宮の翌年こそが、本当のご利益《りやく》をいただける年〟ということを、まるで知っているかのようにである。

遷宮翌年もとどまらぬ神社ブーム

2014年3月には、日本の神話において天孫降臨の際に瓊瓊杵尊《ににぎのみこと》（ニニギ）が天照《あまてらす》大神《おおみかみ》（アマテラス）から授けられた、鏡（八咫鏡＝やたのかがみ）、勾玉《まがたま》（八坂瓊曲玉＝やさかにのまがたま）、剣《つるぎ》（草薙剣＝くさなぎのつるぎ）の〝三種《さんしゅ》の神器《じんぎ》〟が伊勢神宮で20年ぶりに一緒になった。天皇陛下が、皇居にある玉（璽＝じ）と熱田《あつた》神宮に納められるという剣（の形代）とともに、伊勢参拝をなされたのだ。その報道に人々は目を輝かせ、心おどらせながら伊勢へ向かった。高円宮典子さまと出雲大社の宮司を継ぐことになろう千家国磨さんのご結婚にあやかろうと、出雲大社へと向かっているのである。こうやって神社は、遷宮後もしっかりと注目され続けている。

確かに日本人は古来から、神社参拝を重んじてきた民族だ。いや、それは現代でも変わりない。自分の住んでいる場所から遠いということで、伊勢神宮や出雲大社へは、たとえお参りできないとしても、近くに祀《まつ》られる有名な神社にお正月は初詣《はつもうで》する人は多いだろう。神式の結婚式も見直されているし、子供ができれば初宮や七五三のお祝いは必ずする。厄年の新年には厄払いも欠《か》かせない。日本人と神社は切っても切れない間柄だといえるのだ。

しかしながら、小さいときから慣れ親しんでいるはずの神社にもかかわらず、意外と知らないことが多いのも事実だ。たとえば鳥居のくぐり方しかり、参道の歩き方しかり、お手水《ちょうず》の手順、そう、あの手を洗い口をゆすぐ……というものだが、その正しいマナー、ご作法を知っているようで知らないのだ。さらにお賽銭《さいせん》の相場なんかもあることを知っているだろうか?

前回の本で〝10円は遠縁《とおえん》ともよむから、あまりお賽銭にふさわしくない〟とか、〝二礼二拍手の手を叩《たた》くときに左手が上になるように叩かなければならない〟と書いて「へ～っ」と驚かれた。「知らなかった」という人がたくさんいたし、「間違ったまま今までお参りしてた」という人にも多く出会った。面白かった、いやちょっと気の毒に思ったのは伊勢神宮参拝後に私の本を手にして、〝ああ先に読んでおけばよかった〟というメールをくれた人。一方で、「本に書いてあるとおりに回り、ご利益をいただいてきました」と話してくれた人もいる。

でも、みなに共通していたことは、「パワーがほしい……と願って神社に参っているのだから、ちゃんとした手順で参拝する方法を教えてほしい」と思っていることだ。

感謝の念だけでそこを訪れ、そのお参りに感謝して涙を流す……といった特別な思いにかられる人たちは別として、ほとんどの人たちは、〝ブームだから〟〝ご利益がありそうだから〟〝○○大学(高校)に合格したいから〟〝素敵な人にめぐり会いたいから〟と、人それぞれではあるものの何かを求めながらも、軽い気持ちで神社を訪ねている人が多いのだ。いや、ほとんどの人がそうだろうと思うのである。

それは決していけないことではない。

だが、何かのパワーをいただこう、いただきたいと思って訪れるのなら、やっぱり最低限度のことは覚えておいて損はない。〝もしかしたら、神様なんてホントはいないだろう〟と思っている人だって、手を合わせるときはその見えない何かに、何かをすがっているものなのだ。願いを聞き入れてほしいと、真剣に拝んでいるはずなのだ。

それにも増して、この神社にはどんなパワーがあるのだろうか？　つまりどんな神様が祀《まつ》られているのだろうか？　神社それぞれによってご利益は違っているなんてこと自体案外、知らないものだ。いや全然、知らない。

まさに『全然、知らずにお参りしてた　神社の謎』なのである。

八百万もの神様がいる国

えっ？　神社によって祀られている神様が違うってどういうこと？

「私はどの神社に行っても、〝彼氏ができますように〟って拝むけど。へ～神様ってひとりじゃなかったんだ？」なんていう人、いません？　いや、神様はひとりではなく一柱《ひとはしら》、二柱《ふたはしら》というように数えるのが本当なのだけれど……。

キリスト教やユダヤ教、イスラム教などは一神教である。信仰する神以外は、神ではないという考え方である。

ところが日本の神様は違うのである。だから日本の神は、八百万と表現されるのだ。

「えっ？　はっぴゃくまんの神様？」

違う、〝やおよろず〟とよむ。だからと言って、八百万柱の神様が祀られているという意味ではない。

八百万とは〝たくさんの〟〝数え切れないほどの〟という意味だと思ってくれればいい。山道が〝九十九折《つづらおり》〟になって……という表現は、別段道が99回曲がっているというわけではないし、〝七転び八起き〟だって、七回転んで八回起き上がり、成功するということではないだろう。

いずれも〝何度も〟〝何回も〟……という意味になる。八百万《やおよろず》とは、まさにそれと同意義。それほどまでにたくさんの神が日本には存在するということである。

神様は、〝三種の神器〟ではないが、すべて神話だけに基づいていると思われがちであるが、それも違う！

日本の神話が書かれている書物は、『古事記』や『日本書紀』だということぐらいは学校でも教わったから知っていると思うが、そこに登場する神々の数は八百万柱には到底届かないのである。

島田裕巳《しまだひろみ》著『なぜ八幡神社が日本でいちばん多いのか』（幻冬舎）の「日本の神々と神社」の章によれば記紀（『古事記』と『日本書紀』を併せてこう呼ぶ）に登場する神様の数は、３２７柱だけと記しているのだ。

「じゃあ八百万とは、ひどく、盛《も》りすぎじゃん⁉」

いや、それがまた違うんだ！

近所にもよくある八幡神社、これは日本で一番多く社が建てられているのだが、八幡様は記紀には登場してこない神様なのである。八幡様は応神《おうじん》天皇と同一と見られる。

キツネがいる稲荷《いなり》神社の神様も記紀には関係なかった。そうなれば当然、菅原道真《すがわらのみちざね》を祀る天神様や菅原神社のことも神話には出てくるはずがない。家康《いえやす》公のおなじみ日光東照宮《にっこうとうしょうぐう》もそうだし、織田信長《おだのぶなが》、豊臣秀吉《とよとみひでよし》、柴田勝家《しばたかついえ》なども神様として祀られている神社があるが、これとて無関係。

先に出た本で〝病気を治す神様〟として紹介、テレビや雑誌でも取り上げた東京渋谷区代々木《よよぎ》にある平田《ひらた》神社。ここは昭和天皇が手術されるとき、執刀医がお参りしてから宮内庁病院へと向かい成功させたということもあって、病気快癒の護符も人気の神社だが、この神社の祭神は江戸時代の思想家、国学者で医者でもあった平田篤胤《あつたね》である。だから当然、神話とは別世界の神様なのである。

軍神と称《たた》えられた東郷平八郎《とうごうへいはちろう》も乃木希典《のぎまれすけ》も神として祀られているし、近代日本の夜明け、戊辰《ぼしん》戦争以来の戦没者を神として祀る靖國《やすくに》神社もそうだ。ここは246万人の戦没者、ひとりひとりが神なのである。靖國を歌った戦時歌謡の「九段の母」という歌の2番の詞に、〽神とまつられ　もったいなさよ　母は泣けます　うれしさに……とある。

これで実数的にも、相当八百万に近づく？

いやいや、妖怪神社に貧乏神神社、桃太郎神社なんていう神社も実際に存在するし、そのものズバリ！　八百万神社というのもあるわけだから、八百万以上ということになってしまうのではなかろうか？

何しろ日本人は人だけではなく、森羅万象《しんらばんしょう》、すべてものを神として崇《あが》めてきたのだ。

諸々《もろもろ》の神たちに守られ、祈り、一体化してきたのである。だからこそ、日本の神々はすばらしい。

風の神もいれば、海、山の神もいる。恋人に出会わせてくれる神様もいれば、受験に打ち勝つ力を授ける神様もある。お金持ちになれる神徳をくださる神社もあれば、芸能上達の神、交通安全の神もいる。ちょっと薄くなってきた髪の毛を今一度黒々と（？）なんていう神様だっているわけだから……。

そんな、ありとあらゆる神社を巡るとき、そこの祭神を知っていれば実に楽しいし、お門違《かどちが》いなこともしない。少なくとも髪の神に向かって〝すてきな人に出会えますように〟なんてことにはなるまい。

そのうち神社に詣でること自体がお導きだと感じられるようになってくるはずだ。

ここ数年、私は鳥居をくぐっただけで、「わ〜うれしい」「わ〜やっと神様、お会いできました」などと口をついて出てくることがある。これは多分、〝苦しいときの神頼み〟を卒業した証《あか》しなのだと思っている。

元気に生きていることや食べ物をいただいていること、そうなれば空が青いことも雨が降ることも、ごくごく当たり前なことや普通の生活に感謝するようになってくる。神様に向かっていつも「早く彼氏ができますように」や「お金持ちになれますように」ばかりお願いしていても始まらないのだ。感謝の気持ち、〝心〟を持って詣でよう。〝苦しいときの神頼み〟を卒業できたときこそ、本当のご神徳をいただけるときなのだ。

神社に行くのもすべて必然！

私の本をきっかけに神社参拝をスタートした人からブログにいただいたこんなコメント。〝これからです。ひょっとすると年に一度や二度、神社に詣でただけでは叶《かな》うものすら叶わないという結論にたどり着きました〟。

そうなのである。こうなってくると、神社の前に立っても具体的なお願いなどする必要がなくなっている自分に気づく。〝〇〇をお願いします〟ではなく、〝いつもありがとうございます〟だったり〝お参りさせていただき感謝します〟だったりするようになる。

神社によっては、具体的にしっかりと内容を細かに言ってお願いするほうがよいというご神徳を持つ神社もあるが、ほとんどは感謝とせいぜい〝これからもお導きください〟という程度がいい。ここまでの状態になったら〝ほんもの〟が見えてくるのだ。

そうなると鳥居をくぐっただけで周囲の空気がピーンと張り詰めるのが分かってくる人もいる。日常のもやもやを洗い流して、清らかな空気を胸いっぱい吸い込むだけで、魂のリセットボタンを押してくれるような氣を持った神社に導かれていくことを実感できるようになるのだ。

実際、そういったパワーというものを、最初のうちは心底から信じきっていなかった私は、ここ数年、神社回りの機会に大いに恵まれたのである。

この2年間で350社以上を回った。

「それ以前も多くの神社を参拝してきたのでしょうね？」と、よく問われるのだが、そんなことはない。はっきりと数えたことはないけれど、それまでの人生で回った神社の数は、ここ2年ほどで回った神社の数より、断然少ないはずなのだ。伊勢神宮には今回の遷宮前にも何度か詣でたことはあるが、それは行楽の一環だった。

しかし、この2年は違った。それもわざわざその場所に行くのではない。まるで決められていたかのように、講演やコンサートのスケジュールが入り、その前日か翌日にレンタカーを借りて回ることができる神社にたくさん出会えるようになったのである。

前回の本の発売から1年、これは偶然なのか？　と思える体験がよく続いた。それらはこのあと、順にページを割《さ》いていくことになるが、あまりに偶然が度重なるのでそんな話をある神道家《しんとうか》に訊《たず》ねてみた。すると……。

「人生には偶然というものはないのです！　すべて必然なのです。あなたは確かに本を何冊も出してきたけれど、神社の本は書こうとして書いていなかったはずです。まず難しくない本に仕上がっている。これは神道家では書けません。これは神社に興味はあるけれど、イロハを知らないからこそ、自分でおかしいな？　と思ったからこそ、あなた自身が調べ、分からないことを素直に教える本になった。だからたくさんの方が共感したのでしょう。これは人々が待ち望んでいた本だったのです。特に禊《みそ》ぎ祓《はら》いをしっかりすることなど、忘れがちなことが書かれていますからね。これはあなたがそのお役目を持ったのです。それが必然というものなのです」

それを伺《うかが》って私はちょっとドキッとした。

確かに前作の『神社の謎』が売れ出してからテレビやラジオに出演するときは、それまでの代表作『童謡の謎』からくる「童謡の先生」だった私の肩書きに加えて「神社の達人」とか「神社の先生」などがプラスされていた。

実際こそばゆかった。ちょっと前まで、私は神社や神事に特に詳しかったわりではなかったのだから……。しかしまるで巡《めぐ》り合わせのように（これが必然だというのだが……）神社を回った。

いや、今から思えば、神社を回らされた機会に恵まれたということになるのだろうか。気がつくと神社がいつもそこにあったのだ。

前回の本を書き上げてからの実体験を含めながら、この第2弾ではよりあなたがパワーをいただくコツ、訪れるべき神社をさらにお知らせしたいと考えている。知ってお参りすれば、パワーが倍増するということをお伝えしようと思っている。

ところがこのパワースポットと呼ばれる神社というもの、そうそう行こうとして行けるものではないのである。

パワスポを訪ねて一番やってはいけないこと

簡単にいえば、そこにただ行くことはできるにはできるのだ。物見遊山《ものみゆさん》感覚で訪れることはできるのだ。

「私、出雲に行ってきたわよ。だから今度こそ結婚できるわ……」なんて軽々しく言っているお友達（えっ？　あなた自身？）がいたら、それはまず叶わないと言っておかなければならない。自己満足で終わってしまう場合が多いからである。

実際にはそこに導かれない限り、その神社に行くことはできない。そして本当のパワーを授けられることはないのである。

神様は人間の向上心を大切にする。いつも、見ている。天からなのか自分の中の奥深いところからなのか、それはよく分からないが、何しろ神様に見られていると思わなければならないのだ。

だから頼みっぱなしのお願いが本来、一番マズいのである！　これが、〝何度足を運んでも、本に書いてあったパワースポットに行ってきて、祈っても効果がないんです！〟という人の結果となるわけだ。

私が目にした光景である。これも前作で書き、テレビで私が〝お金持ちになれる神社〟として紹介した東京・品川区《しながわ》にある品川神社にその後、お参りしたときのことだ。この神社にある阿那稲荷《あないなり》神社の下社《しもしゃ》で「お札を洗うと、お金が入ってくる」という旨《むね》を話した。

その日もそこは、賑わっていた。

ところがだ。鳥居に礼をして入ることもなく、本宮《ほんぐう》も上社《かみしゃ》もお参りすることなく、そのまま走って下社だけに行って、それも下社の神様（ここには3つの小さい社がある。そのひとつがパワー溢れる八百万神社なのだが……）にさえお参りもせず、その女性たちはキャーキャーワーワー言いながら、ただただお札を洗い出したのである。硬貨ではなくお札を洗うことや、その洗う方法を見て、〝これは絶対に、私のテレビを見たはずだ〟と思った。

これではいくら神様とはいえども、何も叶えてくれるはずがないのである。

それはテレビの放送でも伝えたはずなのだが、鳥居をしっかりとくぐり、本宮へお参りし、上社、下社へという順を追ってお願いしなくてはならないのだ。どうせパワーをいただきにその場所に行くのだ。それならば、最低限のマナーぐらいは守ろうではないか。

〝神主さん〟って神社で一番偉い人のことじゃない！

最低限のマナーこそ、まずはパワーをいただく秘訣《ひけつ》である。ここの神社に限らず、パワー全開の神社の神職さんたちもよくそんな、首をかしげたくなるような場面に遭遇《そうぐう》すると教えてくれた。

さてその神職さんだが、これは読んで字の如《ごと》く〝神社職員〟の略である。

そういえば〝神主《かんぬし》さん〟という名称をよく耳にするが、〝神主さん〟って神社の責任者、一番偉い人のことだと思っていない？

えっ、違うの？

違うのだ。神主とは、正式な肩書きではない。神主とは神社職員、つまり神職全員のことをさす総称、通称なのである。神社本庁の試験に合格するなど資格を得た人たちが神職と呼ばれ、その人たちすべてを神主と称すのである。

では今まで〝神主さんが一番偉い人〟と思っていた、その一番偉い人のことは〝神主さん〟ではなく、何て呼べばいいのか？

〝宮司《ぐうじ》さん〟である。宮司こそがその神社の最高責任者なのである。

小さなお社の場合、宮司ひとりというお宮もあるが、大きな神社になると宮司のあとに権宮司《ごんぐうじ》、禰宜《ねぎ》、権禰宜《ごんねぎ》などの名を持つ神職がいる。

分かりやすくいうなら、宮司が社長で、権宮司が副社長、禰宜が部長で権禰宜が課長といったところだと思ってくれればいい。

そんな〝神職さん〟たちも、お参りもせぬうちから、いや手も洗わず口もゆすがず、写真を撮ったりしている現場を目撃して、ほとほと呆《あき》れてしまうと言っていたわけだ。

〝それなら、注意してあげれば？〟

いや、それこそがその人その人の〝心〟の現れなのである。だからこそあなたには、あなたにだけはしっかりパワーをいただくための指南書を書き綴《つづ》ろうとしているのだ。

第2章

本当のパワーをいただくために守らなくてはならないエチケットを勉強する

鳥居をくぐるときの決まり……あなたはちゃんとやってますか？

伊勢神宮と出雲大社の遷宮が重なり、一大神社ブームが起こった2013年だったが、「ああ去年のうちに行けなかった」という人もあれば、「もう行っても仕方ないですよね？」なんていう質問までくる。

すでにもうその時点で〝苦しいときの神頼み〟になってしまっていることに気づくべきである。まずは、そこから脱しなくてはならない。

実際は皇族、つまり日本の祖神《おやがみ》であり、いつも我々を守ってくださるアマテラスの大神をお祀りする伊勢神宮や、〝出会い〟、これは恋人同士のめぐり逢いや結婚という意味だけにとどまらず、友人との新たなすばらしき出会い、いい仕事との出会い、さらに健康との出会いなどすべての〝出会い〟を司《つかさど》る大國主命《おおくにぬしのみこと》（オオクニ）を祭神とする出雲大社、これは〝いずもたいしゃ〟ではなく〝いずもおおやしろ〟と読むのが本当なのだが、そんな日本の二大神ともいうべき神の社を詣でるのに、〝いつがよくて、いつがだめ！〟なんていうことはあり得ないのだ。
遷宮前であろうがなかろうが、いつでもお参りしていい。「ご利益が薄れてるかもしれないから……」は自分勝手な言い分であり、これぞ〝苦しいときの神頼み〟の典型である。だから全く遅くなんかない。これから行く人は、その時点が〝導き〟のときなのである。

伊勢や出雲に限らず、そうした〝お導き神社〟に行く前に、しっかり覚えておかなくてはいけないことをここで話す。神社の参拝方法や参拝順番などをたがえないことが、パワー伝授の鍵である。前著も当然、これには触れたが、今回はより明瞭《めいりょう》に説明しよう。

まず神社には鳥居がある。その鳥居をくぐるときからマナーがある。

鳥居に入る前に、または入ったあとに、神社によって祓社《はらえのやしろ》と呼ばれるところがある。そこに、神職たちがお祓いなどのときに「頭をお下げください」と言って、白い布でお祓いする大麻《おおぬさ》（大幣とも記す）が置かれ、自分自身でお祓いをしてから鳥居に入るという神社が時たまある（169ページに大麻の話を詳述）

しかし、ほとんどの場合は、その代わりとして鳥居が立てられているから、ここではスルーしておく。つまり鳥居こそが、自分たちの罪を祓い落としてくれる大切な場所だと憶《おぼ》えておくこと。

当然まずは、鳥居に入る前に脱帽し、身を正す。コートやマフラーをとることも忘れてはならない。しかし寒い場所ではこれもかなわない。山の上の神社などもあるし、雪降る時期の参拝もあるからだ。そこは天候に準じてかまわない。そして、鳥居をくぐる前に一礼する。お辞儀をしてから足を踏み入れるということである。

なぜって？

たとえばあなたの家にお客さんが訪ねて来たとしよう。もし玄関のチャイムも押さずに、「おあがりください」とこちらが応じる前に、何も言わずにずかずかと勝手に入ってきたとしたら、どうだろう？　あり得ない！　泥棒か？

それと同じだと思えばいい。鳥居は神社の玄関なのだから、〝失礼します。詣でに参りました〟という気持ちを込めて頭を下げてから神社内に入るのは、至極当然なのだ。

だが、鳥居をくぐる前のご挨拶《あいさつ》を省略している人が、やたら目立つのだ。

この一礼のことを正しくは一揖《いちゆう》という。一の鳥居、二の鳥居などがある大きな神社では鳥居ごとに一揖してからくぐるのだ。これも家の中を思い起こせばいい。

玄関から入ってきたお客さんが、通された部屋以外に入るとき、ノックぐらいするのがエチケットだろう。または「ごめんなさい。入りますよ」とひと言かけてから、その部屋に入るだろう。これと一緒だ。だからそれを無視して、第二の鳥居を勝手に入っていってはいけない。

鳥居の中央に立って一揖するのもいけない。神様は鳥居の真ん中から参道の真ん中を通り、神殿に入るものとされるからだ。つまり鳥居の中央は避けて礼をしてから、鳥居をくぐることを徹底するのである。

ほとんどの場合は左側を歩き、拝して帰るときなどは時計回りで元に戻るときも左側通行する。ただ伊勢神宮の場合は外宮《げくう》と内宮《ないくう》とで、歩き方が違う。外宮は左側通行でいいのだが、内宮は右側通行なのである。しかしそこは、しっかりと看板が掲げられているし、ほかに参拝に来ている人の数も多いから、それに合わせればいい。

そのほかの神社の場合のほとんどは、左側を歩く。だから一揖するときは、鳥居の中央より少し左側に立ってお辞儀してから入るのだ。

さらに入るときだが、左足から入ることも注意したい。

これは後でお話しする二礼二拍手のときにも出てくるが左が神様、右が人間という考えに基づく。左が心、右が体という見方もあるし、普通は右利きの人が多いのに、なぜ右左《ゆうさ》ではなく、左右《さゆう》となったのか？　からヒントを得ることもできそうである。

〝左〟と〝右〟の漢字の作り方を見てみると、より意味が分かってくる。

〝右〟は又（ゆう）と口（こう）の字を組み合わせた形で漢字が成り立っている。「又」は右手の形を模しており、「口」の原型は。元来というのは、神への願いを伝える文、つまり祝詞《のりと》を入れる器をさしていた。

神は天上、または人の目には見えない場所、もしくは空間に住まわれていると考えられるが、その神に出会うための方法が祝詞である。ということは、神様が鎮座している神社を詣でる場合、祝詞を手にする右の立場が人間だということになるのだ。

では「左」はどうなのか？　これも元々は神に関係している。

〝左〟はナ（さ）と工（こう）を組み合わせた形。「ナ」は左手を模し「工」は呪具《じゆぐ》のことをさす。呪具とは神に仕える人、つまり神職だけが持つことを許された道具だったのである。

今でも一般人は神職に対して畏敬《いけい》の念を抱く傾向にある。それが漢字の生まれた古い時代ともなれば、神に仕え神と交信できる者は特別な存在であったことは想像に難くない。それこそ神と同等に仰がれていたとも考えられる。

そういえば昔の官職でも上位の方は左なのだ。ひな祭りの雛《ひな》人形の左大臣、右大臣などもそうである。そこら辺りからも、左が神様で右が人だという考え方になったと解釈できる。どうにせよ、鳥居をくぐり左足から歩《ほ》を進めるのだ。それはこれから力をいただきに参る神への恭順《きょうじゅん》の現れ、証しを意味しているのだ。

キョロキョロせずに行ないたい手洗いと口ゆすぎの法

左足から参道を歩き出すと、拝殿までの間にほとんどの神社には手水舎というものがある。〝てみずや〟と読むが、この〝てみず〟は、〝てうず〟、〝ちょうず〟と転訛《てんか》することで、〝ちょうず〟とも読むようになった。

手を洗い口をゆすぐという、あの結構厄介《やっかい》で、〝どうやってやるんだっけ？〟と、ほかの人をキョロキョロ見回してしまう場所でもある。ここには吹き放しとなっている水盤が据《す》え付けられ、柄杓《ひしゃく》が置かれている。ここで手と口を洗い清め、心も魂も清めるのだ。

最近は〝手水〟の順をわざわざ絵付きで掲げている場所もあるが、それがない場合はやっぱり〝キョロキョロ〟してしまう。しかしだ。パワーをいただこうという気概で神社を訪れているあなただったら、このぐらいのことは覚えておく必要があるだろう。

私もまだ、この心得をしっかりと会得《えとく》していなかった時分には、〝どうやるんだったっけ？〟と周囲を見回していたものである。するとおじさんが来て、ササーッと左右の手を交互に洗い、柄杓で水を汲《く》んでそのまま飲み干した。

〝これでいいんだったよな⁉〟

すると次の人がやってきた。手を洗うまではよかったが、柄杓で水を口に含んでそのまま吐き捨てた。

〝えっ？　そうだっけ？〟

さらに次のおばさんは、水盤の中におもむろに手を突っ込み手を洗い、新しく流れてくる水を柄杓ですくってその水を右手に受けて口をゆすいだ。なんと、次の人もそのおばさんに倣《なら》って水盤の中で〝じゃぶじゃぶ〟。

私は正直、困ってしまった。

とりあえず左右の手を洗い、口をゆすいで参拝したが、一体どれが正解だというのだろうか？

これは意外とちゃんと心得ている人が少ないのではないのだろうか？　と思った。

それよりも案外、鳥居をくぐったまま手水舎に気がつかず素通りして、社をお参りしてしまう人たちが多いことにも気づかされた。

鳥居で罪穢《けが》れを祓い落とし、その後に手水で清めるのはルールなのである。

小さな神社によっては手水舎自体がなかったり、または水盤の水が貯まっていない場合もあるが、その場合は鳥居で祓われたと考えればよい。昔は近くに流れる小川などがそのまま手水舎だった。だからこそ今でも伊勢神宮は、手水舎ももちろんあるが、その後歩いていくと、右手に五十鈴《いすず》川があり、そこでもしっかりと口と手を洗うのである。ほかにも清流で手水を行なう神社は存在している。

さあ正解を掲げよう。

まずは手水舎の前に立ったら、あとで手を拭《ぬぐ》うために、
①　ハンカチやタオルを用意する。
そしてまずは、
②　手水舎に向かって一礼する。

そしてこれ、意外に忘れがちだし、省略している人が多いが、手水舎に向かって〝パンパン〟と、

③ 二回柏手《かしわで》を打つのだ。

これもお祓いなのである。それから、

④ 右手で柄杓を持ち水をすくう。

吹き出し口から新しい水をすくって行なう人が多いが、本来は水盤からすくうのが本当。その汲んだ水一杯で、これからの動作を行なうことを頭に入れておこう。

では早速。

⑤ 右手に持った柄杓の水で左手を洗う。この場合、指先というよりは掌《てのひら》まで洗うことを心がける。

⑥ 柄杓を左手に持ち替えて、今度は右手を洗う。

⑦ もう一度柄杓を右手に持ち直し、左の掌に柄杓の水を受ける。

⑧ その水で口の中をすすぐ。そのとき、これはうがいではないから、〝ガラガラペー〟やら〝クチュクチュ〟などと音を立ててはならない。

⑨ 口を清めた後、左手で口元を隠しながらそっと吐き出す。

⑩ すすぎ終わったら、口につけた左手をもう一度洗う。

⑪ そして最後に、意外とこれも忘れがちだから注意しておこう。

柄杓を縦にして、残った水で柄杓の柄を洗うのだ。最後に次に使う人のためにも、心がけたいものである。

⑫ そして元の位置に静かに戻す。

これがお手水の手順。

これで自分の罪穢れを洗い流したということになるのだ。

途中で水がなくなってしまった場合は、一杯でやらなくてはならないからといって、途中でやめてしまっては意味がない。

その場合は、もう一度水を汲んでしっかりと最後までマナーを守ること。しかしながら神様というのは、そんなに度量は狭くない。たとえ多少順番が違ったとしても「ああ、これでパワーをいただけなくなっちゃった」と落ち込む必要はない。けれど水盤の中に手を入れて洗うことはもちろん、柄杓に直接口をつけることは絶対にしてはいけない行為だ。

水を飲んでしまうのも、このお手水の本質の意味を理解していないことになる。お手水は罪穢れを洗い流すために行なうのであるから、そのまま飲んでしまっては罪穢れを体内に入れてしまうことになる。蓄積してしまうのだ。

これでは、清められた心もまたまた汚れてしまうではないか！

徹底的にこだわれ！　お賽銭10円から離れよ！

さて手水が済んだら、とうとう拝殿の前に立つことになる。ここでお賽銭を入れることになるが、もしも鈴が付けられている神社の場合は、どうすればいいか？

お賽銭を入れたあとに鈴を鳴らすのか？　それとも前に鈴を鳴らすのか？

鈴はその晴々しく涼やかな音によって邪気を祓うとされるのである。そういえば、巫女《みこ》が舞うお神楽《かぐら》などにも鈴は付きものである。

鈴には魔除《まよ》けの力と同時に神様をこの場に降臨させるという意味を持っている。つまり、神様をお招《よ》びする合図でもあるのだ。と、いうことはまず鈴を鳴らしてからお賽銭という順序が正しい。

そしてとうとうお賽銭を賽銭箱に入れる。

お賽銭とは元々は、神前に供《そな》える米や野菜、酒、漁業が盛んな場所では魚なども神饌品《しんせんひん》として供えられたものが、近年になって、お金になったのである。

お供え物を納めるのだから、気持ちを金銭に代えているわけだから、賽銭箱に小銭をぶちまけるように投げ入れるのはいけない。だが、ここにもお祓いの意味が含まれている。

何しろ人間は知らず識《し》らずのうちに、罪や穢れを背負《しょ》ってしまうものらしい。自分自身で悪いことをしていなくても、たとえば邪悪な思考や思想を持っている人と話したり、知らぬうちにすれ違ったりするだけで穢れは付いてくるのだ。他人から妬《ねた》まれたり疎《うと》まれたり、羨《うらや》ましがられたりするだけでも、罪穢れとして人間に付着するのだ。

だから神様の前では、そんな形でお参りするのは失礼だとされる。5円玉であっても1000円札であったとしても、人の手によって汚れが生じているから、その穢れを祓いながら賽銭箱に投入すると考えればより納得できる。

と、いうことで賽銭箱に右手で投入するならば左から右方向へ、左手で投入するのなら右から左の方向へ、流すようにさっと投入することをおすすめする。しかしこれもほとんどは右手、つまり人間を意味する右手で投入するようにしたい。

出雲大社神楽殿の注連縄

投入といっても投げ入れるのではない。初詣などで後ろの方から、ポ～ンと賽銭箱目がけて投げる人が多いが、あれは慎《つつし》むべき行為なのである。

出雲大社の神楽殿にある太い注連縄《しめなわ》に向かってコインを投げつけ、それが挟まると縁起がよいといわれるが、あれもナンセンスだ。半紙や奉書紙《ほうしょがみ》に包んで納めるぐらいでもいいのである。

私は前著の中で〝お賽銭の10円玉ひとつは、遠慮すること〟と書いた。

金額が安い高いということではなく、10円は〝とおえん〟とも読むことができる。つまり〝とおえん〟は〝遠縁〟につながる。単なる語呂《ごろ》合わせといってしまえば身もフタもないが、すべての縁をお願いに来ていて、縁が遠くなっては困ってしまうではないか。だから私は絶対に10円玉ひとつだけをお賽銭として入れたことがない。

ではお賽銭はどんな金額がよいのか？

よく、金額が高ければ高いほどお願いごとも聞き入れてくれるというような話があるが、それは違う。元来、これも心の現れなのだから、いくらと決められたものではない。

1万円がその心の現れならそれもいいし、1000円札、500円玉などを入れる人もいるだろう。10円がダメなら、〝ご縁〟を頂けるように、5円玉というのも悪くはない。〝いいご縁〟をと115円という人もいる。でも私は決まって45円を入れることにしている。

〝しじゅうごえん〟、つまり〝始終ご縁〟がありますように。いつもご縁に恵まれますように！　という意味合いからである。全くもってこれはなかなかのご利益があると思っている。

先日、栃木県の日光《にっこう》二荒山《ふたらさん》神社にお参りしていたとき、後ろに並んでいたグループが、「本に書いてあったでしょう？　45円がいいって……」とみんなで両替し合いながら、45円を揃《そろ》えていた光景に出くわした。「10円しかない場合は、11円で〝いい〟になるとも書いてあったよ」。

私の本を参考にしていただいていることを感じながら、心の中でお礼を述べた。

気をつけたいのはよく「小銭がないから」といって、一緒に来た友達などに「貸して！あとで返すから」というもの。10円玉がひとつしかないからといって、「二人分です」と投げ入れるのもやめること。もしも賽銭箱の前まで行って小銭がなかったら、そのグループがそうであったように友人同士で両替してもらってから、投入することが必要だ。

ひとりで参るときにちょうどよい小銭がなかったら、10円玉をふたつ入れて20円で〝二重にご縁を〟にしたり、それこそ11円で〝いい〟、41円で〝よい〟など徹底的にこだわって、10円玉ひとつの〝遠縁〟から離れよう。そんなことから私は神社を回るときは、いつも1円玉、5円玉、10円玉が不足しないようにとどっさり集めて、小銭袋を持ち歩いているのである。

柏手は神様をお招びする儀式
二礼四拍手の今山八幡宮

さてお賽銭を入れた後、とうとう神様へのお参りということになる。

まずは軽く一礼する。これは会釈《えしゃく》だと思えばよい。そのとき、堂々と神殿の中央に立って拝む人がいるが、なるべくちょっと外れて中央に立たないようにするのが基本。これは参道と同じ意味である。神様の通り道を塞《ふさ》いでしまうことになるわけだ。

そして二礼二拍手一礼（二拝二拍手一拝）である。これはみな何となく分かっている作法なのだが、ここには一体どのような意味が込められているのだろうか？

まず会釈の一礼が済んだ後に、体を90度ほど曲げて深くお辞儀を2回する。一礼である。これは再拝ともいう。

神道には〝敬神《けいしん》〟という言葉がある。読んで字の如く「神を敬う」という意味。

通常、人間同士の挨拶であっても頭は下げるが、2度続けて下げることは稀《まれ》だ。しかし神様には、敬意を表してもう一度、頭を下げるというわけである。2度お辞儀することで、神様にお会いする時間を作っていただくと解するのだ。

その後は二拍手。柏手《かしわで》を2回打つのである。これも自分の願いを神様に伝える作法である。この柏手を打つときにも決まりごとがある。

もしかして、左手と右手をしっかりと合わせて叩いてはいないだろうか？

これ、間違いである。指の節と節とを重ね合わすと節合わせ、つまり不幸せになるといわれるからだ。だからまず、両手を一度合わせてから、右手を下にずらすのである。

これは鳥居に入るときにも勉強した左が神で右が人、左手は心、右手は体という意味からくる。右手を少し下に下ろすことで、体を一歩下げるということになり、神様を敬う形が出来上がるというわけである。

そして下にずらした右手をやや手前に横にずらす。つまり左手の親指と中指の中に右手の薬指、中指をおさめるような形で手を鳴らそう。こうすることによって小気味よい、はっきりとした大きな音を発することができるのだ。神様をお招びするという大切な儀式なのだから、大きな音を発さなくてはならない。

手を合わせて音を出さない〝忍び手〟というものは、神葬祭と呼ばれる葬儀のときのみである。

参拝作法

①一礼

軽く一礼する

②二拝

深く二度礼をする

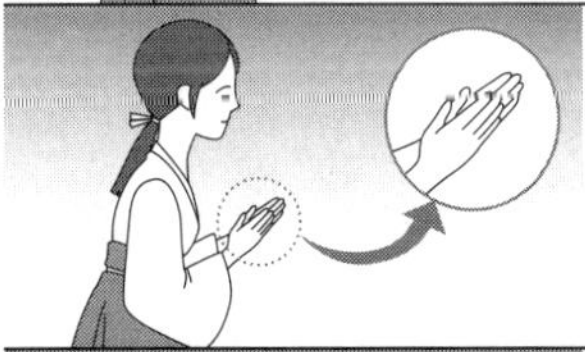

③二拍手

両手を合わせ、
右手を少し引いてから
拍手を打つ

④一拝

一度深く礼をする

⑤一礼

軽く一礼する

大概は二礼二拍手一礼なのだが、出雲大社や大分の八幡宮の総社の宇佐《うさ》神宮、新潟の彌《いや》彦《ひこ》神社では二礼四拍手一礼となることも覚えておきたい。さらにこの一年の旅の中で、新たに宮崎県延岡《のべおか》市にある今山《いまやま》八幡宮が四拍手だったのを知った。

この神社は二の鳥居から御影石一本造りの階段が続く。〝ご利益石段〟とも〝健康石段〟ともされ、体を丈夫にしてくれる。力強さと戦いのにおいを感じさせる神社である。

さて手を鳴らして神様が降臨なさってから、やっと願いごとを唱えるのである。

ただし伊勢神宮などでは正殿の前では、こまごましたお願いなどしてはならない。お願いを具体的に唱えるべき社は別に用意されているからだ。

はじめてその宮をお参りする際には、自分の名前と住んでいる所を心の中で申し、まずは参拝できた喜びや感謝の気持ちを述べよう。

そして私はそこで必ず、持参の祝詞を読み上げるようにしているのである。祝詞は神職が神様に願いを受け入れていただくため、それぞれに見合った文章を作って読み上げることである。普通は神職が、その祈禱の内容によってそれぞれ作り上げてくれ、最後に「かしこみかしこみも申す」と言って読み終わる儀式だ。

私はそこでよりすばらしき人生、明るい未来のためにと、自分自身で禊ぎ祓いの祝詞をあげることにしているのだ。前著で、祓詞を記したら、「本に載っていたので、恐る恐る自分でも読んでみました。大変役に立ちました」と言う声が多かった。今回も簡易な禊の祝詞文をここに、ふたつ書いておこう。

祓詞《はらえことば》

掛《かけ》まくも畏《かしこ》き　伊邪那岐大神《いざなぎのおおかみ》　筑紫《つくし》の日向《ひむか》の　橘《たちばな》　の小戸《おど》の阿波岐原《あはぎはら》に
禊《みそぎ》祓《はら》へ給《たま》ひし時《とき》に成《な》りませる　祓戸大神等《はらえどのおおかみたち》　諸諸《もろもろ》の禍事罪穢《まがごとつみけがれ》有《あ》らむをば
祓《はら》へ給《たま》ひ清《きよ》め給《たま》へと　白《まを》す事《こと》を聞食《きこしめ》せと恐《かしこ》み恐《かしこ》みも白《まを》す

禊祓詞《みそぎはらえことば》（天津祝詞）

高天原《たかあまのはら》に神留坐《かむづまりま》す　神魯岐神魯美《かむろぎかむろみ》の命《みこと》以《もち》て　皇御祖神伊邪那岐命《すめみおやかむいざなぎのみこと》
筑紫《つくし》の日向《ひむか》の　橘《たちばな》　の小戸《ゐど》の阿波岐原《あはぎはら》に　身禊祓《みそぎはら》ひ給《たま》ひし時《とき》に生坐《あれませ》る
祓戸《はらいど》の大神等《おおかみたち》　諸《もろもろ》　の枉事罪穢《まがごとつみけがれ》を　祓《はら》ひ給《たま》へ清《きよ》め給《たま》へと申《まを》す事《こと》の由《よし》を
天津神國津神八百萬《あまつかみくにつかみやおよろず》の神等共《かみたちとも》に　天《あめ》の斑駒《ふちこま》の耳振《みみふ》り立《た》てて聞《き》こし食《め》せと　恐《かしこ》み恐《かしこ》みも
申《まを》す

しかし、もしも祝詞やこの本を忘れてしまった場合は、その神社の祭神を確かめてからこう続けよう。

「掛《かけ》まくも　畏《かしこ》き　○○の（その神社のご祭神の名前）大神の大前に　申す（または　奉《たてまつ》る）」

そう唱えたあとから、自分の願望や思いを続け、「○○をお願い申すことを、きこしめせと（聞き入れていただけますようにの意）、謹《つつし》んでかしこみかしこみを申す（恐れ多くもお願い申し上げますの意）」といった具合で奏上するのである。

靴は揃えて脱いではダメ!?

祝詞を上げ終わり、そして最後の一礼。これは感謝の挨拶である。さらに御垣内《みかきうち》まで入れていただいたり、昇殿参拝《しょうでんさんぱい》したりお祓いを神職にお願いする場合は、神社相応の値段がほぼ決まっている。厄払いなどで経験済みだろうが、この場合たとえば靴を脱いで昇殿するときの注意を記しておこう。

靴は揃えてふたたび外に出るときに履《は》きやすいように、よく後ろを向いて靴を脱ぐが、これは神社では実際はタブーとされる。神様にお尻《しり》を向けて入ることになるからである。だから靴は脱ぐときに前方に向かったまま揃えて上がるのだ。

昇殿後、先ほどちょっと話した大麻《おおぬさ》（大幣）という白い紙が付けられた棒を頭の上にふって、罪汚れを祓ってもらい玉串《たまぐし》を神前に捧げるのである。

ただこの玉串の儀礼の作法も迷うところだ。

玉串を神職から受け取る場合は、左手は玉串の先のほうを下から支え、根元、茎のほうを右手で上から包むように持つ。

左足から出て神前まで進む。坐礼の場合は左足の膝《ひざ》を先に下ろしてから、右膝をつきすべらせるようにしてしっかりと神前に座る。一礼してから、玉串を今度は時計回りに持ち替えながら90度回転させる。つまり根元が自分のほうをさすように持ち替える。そのときに手はいずれも下から持つ。

そこで一度玉串を止め、玉串に向かって頭を下げる。次に手をすべらせながら、左手が根元に来るように持ち替えるのだ。つまり玉串はここで180度回転したことになる。そしてそのまま神前の台の上に両手で玉串を静かにまっすぐに置くのである。茎のほうを神様に向けるということだ。玉串をのせる台を〝案〟と呼ぶ。

ご朱印を集めよう

ここで社務所《しゃむしょ》に寄ってお札やお守りを求めたり、おみくじをひくことになる。これらは必ず参拝後に行なわなければいけない。おみくじをひいたあと、神社の木に結びつけるという風習があるが、実際には持ち帰るのが本当である。家に戻ってから、その結果の善《よ》し悪《あ》しにかかわらず、読み返して肝に銘じるためである。

さて、私はおみくじやお守りではなく、ここでご朱印《しゅいん》をいただくことにしているのだ。

ご朱印？　そうである。これは神社の朱色の印《いん》、つまりはんこを押していただくのだ。参拝の印《しるし》といっていい。

玉串の作法

①

玉串の根元のほうを右手、枝先のほうを左手で受け取り、胸のあたりで軽く肘を張って持つ

②

左手で葉の部分を支えながら、右の手のひらを返し、玉串を右に90度ほど回す

③

左手を玉串の元のほうへ下げて持ち、右手は中ほどを下から支えながら、玉串を右へ半回転させる

④

根元を祭壇に向けて置く

墨でその印《いん》の上に神社名、日付けを大概は入れてくれる。しかし朱印というのだから、実際は印だけでいいのである。現に伊勢神宮も出雲大社も印のみである。

行く場所ごとにお守りを買い、数が増えて置き場所にも困ると思っていたとき、神札やお守りと同等の力を持つというご朱印を私のコンサートのピアニストである鳴海《なるみ》周平《しゆうへい》君から教えられた。

2012年6月8日の北海道神宮で蛇腹《じやばら》のご朱印帳をはじめて購入してから2年経った。すでに今、10冊目のご朱印帳が私の手元にはある。その中に書かれた神社の数は、いつの間にか350社ほど並んでいるわけだ。

社務所があっても「ご朱印はやっていません」という神社もあれば、社務所が閉まる5時以降に訪ねた神社も、社務所がないところもあるから、実際はどれだけの神社の数を回ったことになるのだろうか？

ご朱印を書いていただく値段の相場は300円から500円ほどで、〝お気持ちで〟という場所もある。神社の由緒書《ゆいしよがき》をいただくと、その神社の祭神の神徳などを知ることもできる。ある意味「ああ、この日ここにいたのか」というちょっとした記録にも、記念にもなる。ただし神社用と寺社用のご朱印帳は別々に持つことをおすすめする。

下谷神社のすばらしきご朱印

東京の下谷《したや》神社を詣でたとき、娘が何冊目かの新しいご朱印帳を購入して書いていただいた。

フェイスブック上で「友達」となっていた阿部《あべ》宮司と初対面でいろいろ話をさせていただいたが、宮司は東日本大震災で被災した神社を支援する活動を行なっている。全国から届けられる社殿などを仲介し、宮城や福島などの神社復興に力を注《そそ》いでいるのだ。自ら鳥居を作り、その場に持って行き作業する。その労力にはただただ頭が下がる思いである。

これから東北の町々に立つことになる鳥居を見せていただいた。復活する東北の神々を宮司はいざなっているのだ。本殿に通していただいたとき、宮司は「天井をご覧なさい」と指さした。見上げると社の天井には、生きているような龍の絵が描かれている。

「これは昭和の初めに、この社を建て替えたときに、横山大観《よこやまたいかん》先生が描いてくださったという絵なのです」。その立派さと豪快さに思わず息を呑む。

そこのご朱印帳は、その龍が刺繍《ししゅう》されたなかなかの代物《しろもの》なのである。

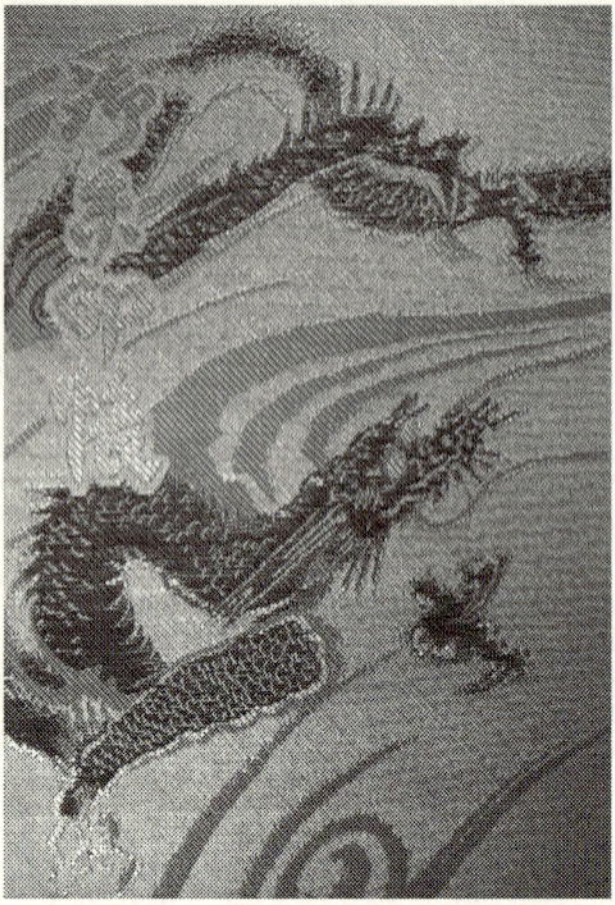

龍が刻印された下谷神社のご朱印帳

宮司は「そうですね、2〜3年前から見ると約10倍の方がご朱印を集めるようになっていますね」。本格的なご朱印ブームの到来のようである。

ここ下谷神社のご朱印を書く神職は、書道教室としての生徒が集まるほどの、まさに〝筆の達人〟である。美しい文字にうっとりしながらも、この神社の中に放たれている氣を満喫した。

ここは過去を清算してくれる力を持つ。忘れたいこと、いやなことを洗い流してくれる氣に満ちているのだ。同時に龍の化身《けしん》である水のパワーも強い。水は生活の基本であり、それは農業漁業などを守り、力を与える。

美しい文字にうっとり、下谷神社のご朱印

「水の神……？」。私は娘と顔を見合わせながらうなずいた。

ほとんど神社参拝の日に雨に当たることはないのだが、その日はどしゃ降りの雨だったのだ。考えてみると、この2年あまり神社を回る日が雨天だったのは、すべて龍神に関係した神社に出向いた日ばかりだったのである。

またここには芸能、芸術、芸事などの上達や成就が叶うパワーがある。

そういえば下谷は昔から芸どころと言われた町。下谷芸者の芸と艶《つや》は古くから絶品と称され、江戸時代の寛政10（1798）年には初代の三笑亭《さんしょうてい》可楽《からく》（現在は9代目）が、日本ではじめて寄席を開いた。その舞台こそがここの神社境内だったという。そのためここには「寄席発祥の地」の石碑も建つ。芸能、芸術、芸事へのパワーが溢れていると感じたのは、当然のことだった。

厄祓いを前の年に行なってませんか？

神事というもの一切、本来は旧暦にのっとって行なわれていることも忘れないようにしたい。いやいや時代が変わり実際は、現在の元旦やお正月に初詣することに抵抗はないし間違いではないが、それは〝いつお参りに来てもお迎えしますよ〟という神々のやさしさ、おおらかさなのである。

現に昔は毎日、産土様《うぶすな》、氏神様《うじがみ》と呼ばれる自分の家の近くに建つ神社に詣でることが常だった。今日も一日よろしくお願いしますと、手を合わせるのが、ごく当たり前だったのである。だからこそ、わざわざ新年最初のお参りを〝初詣〟と区別したのだ。と、なればいつ何どき参拝したって、お祓いしていただいたって悪いはずはない。けれど実際、パワーをいただくためには旧暦をチェックしておく必要があるのだ。

旧暦とは明治になるまで使われていた和暦のことをさす。鎖国が解かれた開国後になって、現在のグレゴリオ暦に改暦されたのだ。

つまり明治5年12月3日が、いきなり明治6年1月1日へと変わった。これが今から140年ほど前のことである。と、いうことになれば今回で62回目の伊勢の遷宮のうち、55回は旧暦で行なわれていたことになる。だからこそ今なお、その風習は根強く残り、神事は旧暦で行なっている神社が多いのである。

それなら旧暦を調べておかなくてはならない。明治6年1月2日を明治5年12月4日とみなす暦だ。それを調べるのは結構、難しそうだ。

いや、ところが意外や現在の日めくりやカレンダー、手帳などにも5月5日は旧4月7日（2014年の場合）というように、旧暦がしっかり記されているものがまだまだあるのである。

2015年の元旦は旧暦でいうなら、2014年11月11日である。そうなると〝初詣〟だと信じきって神社に参ったとき、実は神様的に申すならまだ前年の11月だった……ということになってしまう。

今の暦からおよそ1ヶ月ほどのずれを、イメージしておくといい。

旧暦正月は大体、立春、つまり春のスタートとする現在でいう2月4日近辺の時期だと思っていればいいのだが、毎年毎年暦は変わるから、よりパワーを注入してもらいたいならしっかりと旧暦を調べておく必要があるだろう。だから実際のところ、厄祓いなどは、旧暦の新年以降に行なわなければいけないのである。

神社の境内などに「厄年」の表があって、昭和○年生まれ、平成○年生まれなのに現在の年齢と異なって書かれており、〝あれ？　私まだ17歳なのに厄年？〟なんていう場面に遭遇して〝えっ？　どうして？〟と思った人は多いはずだ。これも旧暦に従うわけだから満年齢では数えない。数え年齢《どし》というもので数えるのだ。

満年齢というのが、現在使われている年齢の数え方である。

生まれて次の誕生日が来るまで、赤ちゃんは0歳だ。ところが、数え年齢に0歳は存在しない。生まれたその日を1歳とするのだ。人生のスタートの日なのだから、0ではなく1であるという考え方だから、よく理解できるだろう。

しかしながら、これで翌年のはじめての誕生日に2歳（満年齢では1歳）になるというのなら、まだ納得するものの、数え年齢の数え方はそこが違うのだ。新年を迎える、つまりお正月がきた時点で2歳となる。元日で日本人全員、年齢が増えるのである。

だから、たとえば12月31日生まれの人だったら、12月31日、誕生の日に1歳、しかし翌日の1月1日には生後2日目にして2歳を迎えるということになる。反対に元日生まれの赤ちゃんは、365日後に2歳になる。

そんな昔の話！　と言わないでほしい。実はこの法定がしっかり定まり、数え年齢を使ってはいけないと厳しく定められたのは終戦後、昭和25（1950）年1月1日からなのである。だからまだ六十数年しか経っていないということだ。

ただしこの数え方が、神事では今も変わらず使われていることを忘れないように！

だから旧暦の新年以降に、年齢を重ねてから厄祓いを受けなくては意味がないということになる。私の事務所のマネージャーのひとりは昨年が厄年だった。今の暦の新年早々に厄祓いを受けたが、私からこの話を聞き旧正月が開けてから、つまり2月になってもう一度厄祓いのご祈禱を受けに行ったのである。

厄年は男性が25歳、42歳、61歳、女性は19歳と33歳、37歳、61歳で、特に男の42歳と女の33歳は大厄《たいやく》とされる。元々、厄年とは体の節目節目の時期をさす。体調の変化、また仕事の転機などが訪れる時期だともされる。新たな一歩を踏み出す時期、人生の節目ということでもある。

実際、私が作家活動を始めたのは厄年を迎えた年で、処女作の発売は2月8日、まさに旧暦における新年を迎えたばかりの時期だった。同時に数えで42歳となる年だった。これが私の人生を変えることになる『童謡の謎』シリーズのスタートだったのだ。

そのときある人からこんな話をされた。

「厄年とは、厄年だけではなく、飛躍の〝躍年〟だったり、ご利益の〝益年〟だったりする。人のために役に立つ〝役年〟だったりもする」と……。結局は飛躍の年になったのだが、いろいろな意味で多忙を極める時期でもある。

ただ最近は医療の発達などで、厄年も昔より10年ほどの誤差が出ているという考え方があるらしい。そのため現在は女性なら厄年とされる33歳より10歳年上の43歳のあたり、男性も52歳近辺が〝実際の厄年〟ではないか？　と言われるようになっている。

と、なると現在の私がちょうどそんな年なのではあるのだが……。

こうなると厄年だけではなく、毎年しっかりと初詣に限らず神社にお参りする習慣をつけたほうがいいと思われてくるのだ。

意外と知られていないのが生まれた次の年、数えの2歳の年も厄年とされていることである。抵抗力のない今でいう生まれてから1歳までがもっとも大切な時期なのである。これが厄祓いという名称から初参り、初宮というようになっていった。

だから初参りは、人生最初の厄祓いということになるわけだ。

産土様と氏神様

旧暦のことは頭に入れた。そこで大切なのは自分の住んでいる家、また働いている会社や場所をお守りしている産土《うぶすな》、氏神《うじがみ》の神社をしっかりと知っておくことだ。

産土神社イコール氏神神社だと思われがちだし、今では同意語として扱われているのだが、本来は産土様と氏神様は違う。いや、一緒の場合もたくさんあるから、あわてなくともよい。もともと氏神とは一族が崇敬する神のことをさし、産土とはその土地に住んでいる人々が崇敬する神社のことをさす。だがいつの間にか、氏神や土地神を崇拝している人たちすべてを〝氏子《うじこ》〟と呼ぶようになったことから、同一化されていった。

しかし本来の産土神社とは、自分が生まれたときに住んでいた自宅近辺にある神社のことなのだ。縁があってそこに生まれたからである。簡単にいえば、〝生まれた場所の近くで、古くて由緒ある神社〟こそが〝産土さん〟なのである。と、なればほとんどが初参りした場所だということになろう。

産土は魂のルーツであり、それぞれの人生を見守る役目があるのだ。

私の場合は半世紀以上前に参った生まれ故郷、北海道釧路《くしろ》の神社だということになる。今は実家も引越しているから、一体どこが産土神社なのか見当がつかない。

こういった場合は、どうなるのか?

現在自分が住んでいる土地を守護している神様の神社を鎮守《ちんじゅ》神社といい、それが産土神社と同様ということになる。だから私は釧路の神社ではなく、現在住んでいる東京渋谷・代々木の神社でいいわけだ。実は神々の世界にはネットワーク的なものがあり、神様同士で話し合いができているというのだ。

ではどうやって氏神神社、産土神社を探し出す?

地方であれば代々、「あの神社がうちの産土、うちの氏神様」と、おじいさんやおばあさんに聞かされて育った人も多いかもしれないが、都会暮らしや引越ししてきたばかりの家庭やひとり暮らしの人たちなどは、そんな存在を知らぬうちに、その場に住んでいるケースも多いという。さらにもっとも近くにある神社が、産土、氏神だとも限らない。

そういったときは、古くから住んでいる近所の人に訊ねてみよう。それでも分からなければ、各都道府県の神社庁に、問い合わせてみるのが一番だ（『全然、知らずにお参りしてた　神社の謎』24ページ参照）。

それほどまでに自分の日々のくらしを守る産土、氏神は大切なのである。そうなると成人式も結婚式も、当然、赤ちゃんが生まれれば自分の住んでいる場所を守っているその神社へとお披露目《ひろめ》しなくてはならない。〝こんなに成長しましたよ〟という七五三のお祝いだってそうなる。

大きい神社のほうがご利益があると感じる人もいるだろうが、その場合は、本質的に守ってくれている氏神様を参った後に有名どころへと行くべきである。

パワースポットの旅をする前も自分を清め、旅の無事を祈るために氏神様をお参りしてから出発することも忘れずに。特に伊勢神宮など大きな神社に参ろうとする場合、それは必須である。そして無事に帰ってきたらまた報告に詣でるのが、スジなのである。

不幸があったとき一年間神社を詣でてはいけないというのは、ウソ？　ホント？

初宮や七五三に限らず、葬儀も神式で行なわれる場合がある。だが、現在、そのほとんどは仏式だ。実は前作中で私はそれまで経験していないこと、まだご縁がなくお参りしていない神社については、あえてふれなかった。

ところがこの神葬祭と呼ばれる仏教でいう葬式のことだけは、未経験のままで書き載せた。ところが本を出した直後に音楽業界の方の葬儀に参列すると、神職が執り行なう神葬祭だったのである。

神葬祭は死者を神として祀り、神職が故人の自宅か葬祭場に出向いて行なう。焼香する代わりに玉串を捧げ、音を立てずに柏手を打つ。これが〝忍び手〟である。

代表として〝忍び手〟を行なっていたのが北島三郎《きたじまさぶろう》さん、宇崎竜童《うざきりゅうどう》、阿木燿子《あきようこ》さんご夫妻だったが、神となったその死者のご子息はその後、私とよく仕事を一緒するようになった。先日は一緒に伊勢神宮を詣で、「合田さんの本に感化されて……」と、伊勢神宮でご朱印帳を買い求めていた。

いや⁉　確か死者が出た場合は、神は汚れを嫌うから神社参拝は一年間、遠慮しなくてはならなかったのでは？　実はあれは、でたらめなのである。

実際には父母の場合は50日間、夫、祖父母の場合は30日、妻や子供、兄弟姉妹の場合は20日間だけは鳥居をくぐることができない。

しかしながら、たとえば神社の宮司や神職に不幸があった場合はどうなるのだろうか？　何人も神職がいる大きな神社ならまだいいが、宮司ひとりなどの小さなお宮もあるはずだ。そのときたとえば新車のお祓いなどをしに行ったとき、七五三で詣でたとき、「ただ今、忌中ですので」とお断りされるのだろうか？

自分自身に照らし合わせてみよう。

たとえば、あなたのおじいちゃんが亡《な》くなったとしよう。だからといって、自分の娘の七五三をスルーしていいのだろうか？　仲の良い友人が、または会社の先輩が、神前で結婚式を行なうと招待されて、「祖父が亡くなったので、喪に服しておりますので欠席致します」と断り切れるものなのだろうか？

実際のところ、喪に服すとは一切《いっさい》外出せず、家族以外との接触を絶って喪服を着て、ひたすら故人のみたまにだけ仕えるという意味である。ならば50日間、仕事もせずに学校にも行かず、何もせずただ故人を偲《しの》んで家にいることになるではないか。

これはあまり、現実的ではない。先日こんな体験をした。

生まれたときから親戚《しんせき》同様に家族ぐるみで付き合いをして、ほとんど甥《おい》っ子のように接してきた少年が、本年皇學館《こうがっかん》大学の神道学科に入った。大半が神職になるための人々が通う学校で、東京の國學院《こくがくいん》大学と並ぶ学校である。彼は親が神職でもなければ、今まで熱心に神々に祈禱するタイプでもなかった。東京のほかの大学も合格していたが、導かれるように伊勢神宮のお膝元にある皇學館へと赴《おもむ》いたのだ。

入寮のために母親同行で伊勢入りをしたその日に、母方の祖母の急死の知らせが入った。母親はすぐに東京へ戻ったが、彼は葬儀の日まで帰れなかった。

私は彼が入学して半月ほど経ってから電話を入れた。もしかするとそのまま神々へのご奉仕も止められているのかもと思ったからである。彼に聞くところによると、日にちが経っていたこともあろうが、塩で体を清め神職によるお祓いを受けることで、奉仕活動は続けられたという。

やはり、そうだろう。たとえ自分の身内に不幸があったとしても、神職たちはおつとめを続けることになるのである。つまり、これもまた心の問題なのかもしれない。神様となった故人にとって、元気に新たなスタートを切って頑張ってゆく姿こそが、最大の餞《はなむけ》なのである。

「苦しいときの神頼み」を卒業するための近道！

しかしながら神社に毎日毎日詣でるのも難しい。詣でることができる近所に社があるならまだしも、遠い場合はそうもいかない。たとえ近くにあったとしても、家の中でいつも守っていただきたいという発想が、家の中の神棚となったのだ。昔は木箱で神棚を模したとされる。

結構古い家などでは、今でも神棚を備え付けている家は多いし、新築とともに神棚を取り付けることもある。それはやはり、いつも神様と一緒でありたい、守っていただきたい、恵みをいただきたいという、通常生活に必要な考えがそうさせるのだろう。

神棚を作ると、当然手を合わせることになる。日課となるわけだから、当然〝苦しいときの神頼み〟だけではなくなる。いつもは神様に挨拶すらしない人が、大きなお願いごとをしに、いきなり神社に行って頼んだところで、はたして神様まで届くのか？

それは人の世界とて同じ。普段からのつながりが大切なのである。下地作りとでもいうべきか？

だからこそ、家に神棚を用意して神様をお迎えし挨拶するのをすすめたい。そのほうが、神社参拝のときにも、断然パワーをいただくことができるに決まっている。

決して宗教的なものの考え方とは違う。

神道だって宗教ではないのか？

現在、神社は戦後、宗教法人という形をとるようになったものの、私は日本の神が誕生し、ここまでの繁栄を作り上げた、宗教とは全く異次元の歴史、気持ちや思い、金や物品を強要しない〝心〟の現れを神道に感じている。現に神社にも詣でるが先祖を祀る仏様も否定していないから、お寺を訪ねることも多い。クリスチャンでもないのにクリスマスパーティーを行なうし、クリスマスディナーショーなんていうものにも抵抗なく出演する。

その一週間後には、お寺の除夜の鐘をききながら年を越し、翌日には神社に初詣。

いや、これが日本人の相場なのではないのだろうか？　宗教と思っていないからこそ、ほかのものにも首を突っ込んで平気なのだ。日本人が無宗教民族だと呼ばれるゆえんでもある。そこにあるのは〝心〟。これこそが日本の歴史そのものなのだ。だから長いこと、神道は受け継がれてきたのだと思えるのだ。

だからこそアマテラスを祀る伊勢神宮に、オオクニの出雲大社に、たくさんの人たちが参拝し、史上最高の参拝者数を記録したのだと思う。

キリスト信者の友人も、特定の宗教の友人もいるが、それを否定しないのも、また八百万の〝心〟ゆえだ。だからこそ、パワースポットへ、神社へといざなわれたら気持ちが落ち着くのである。

縁あってこのページを読んでいるあなたには、そのパワスポ神社へのご利益への近道として、この神棚をすすめたい。〝苦しいときの神頼み〟を卒業するひとつの手段といえるからだ。

朝起きて家の神棚に水やお酒、お榊《さかき》を上げ、手を叩くとき、今日が受験日であるとか今日が手術日であるとか、何かの返事が来る……などなど特定のお願いごとがない限りは通常、「おはようございます。今日も一日よろしくお願いします」と手を合わせるぐらいである。しかし、この積み重ねこそが実は一番大切だったのである。これが結局は、〝苦しいときだけの神頼み〟ではなくなるということだからだ。

パワーが増大することで願いごとを聞き入れやすくなる。そりゃあそうだろう。毎日知らんぷりしているのに、さあ神社に行ったから、いろんなことを頼んでしまえ！　の姿勢は、普通に考えても効き目なさそう。

神棚がある家に住んでいる人は自然に毎朝、手を合わせることになる。これは仏壇と同じである。習慣、日課だ。水を取り替えるぐらいは、できそうだ。

お榊《さかき》も家の神棚なら、通常月初めの1日と月中の15日に替える。そのときに酒や塩、米を取り替える家もある。しかし榊は水を吸い上げる力が強い植物だから、毎日水を取り替えなくてはならない。ちょっと怠《おこた》ると夏場などは臭いも出てくるし、すぐに枯れてしまう。

でもあきらめないで！　今は100円ショップでさえ造花のお榊が売られているのである。よく「そのようなものではバチが当たる」などという人もいるようだ。しかし、水も取り替えずにほったらかしにしていたり、枯れたままだったりと何も手を加えないほうが、もっともっとバチ当たりだ！

毎日、榊の水の交換ができるという人はいいが、ちょっと難しい！　と思っている人は、背伸びせずに造花であっても構わない。そのうち気になり出したら、造花を卒業すればいいだけのことである。

でもうちに神棚がない！　っていう人のほうが多いはず！

ひとり暮らしだったり、都会のマンションやアパートではさすがに神棚は付いていない。それに厄払いなどで神社に行ったときに、お札をいただいたのにどうしようか？　と思うこともある。お札は自分の目線より高いところに置かなくてはならない。鴨居《かもい》や机の上でも構わないが、どうせなら自分の家や部屋に神棚を置いてみてはどうだろうか？

でも大概の人は、そんな高価なものは買えないし……と思うだろう。では神棚の相場って知ってる？

それは五社造とか一社造とか、屋根が萱葺《かやぶ》きのものだったり、神殿への階段が高く作られていたりで値段はさまざまである。平均的にいえば2万円から10万円といったところだろうか？

いやいや、これじゃあ手も足も出ない。それより第一、部屋の中に神棚なんて置くスペースなんてない！　そう思っているだろう。

ところが今はコンパクトな神棚が、神社などで売られているのだ。これは御神札飾《おふだかざり》ともいう。

通常の神棚三社造の場合、御札は中央と左右に3つ入るように作られている。このお札の入れ方も決まっている。日本の祖神、伊勢神宮に祀られるアマテラスの札を中央に、右には氏神、左に崇敬神社の札を祀るのだ。崇敬神社とは、自分の好きな神社ということでいい。その崇敬神社のお札は何体でもいいのである。神様がケンカするのは元来、八百万の神道の考えの中では存在しないからだ。むしろ神棚の位置やいつも清潔を保つことのほうが大切である。

しかし、もっともっと手軽な神棚があるのだ。お札を重ねて入れることができ、それもなんと1000円ほどで買うことができるという神棚が神社の社務所などに売られているのだ。これならタンスの上でも机の上でも、自分の目の高さより上に置いておけるからスペースも取らないし、いつも守っていただける。

変な話、毎朝自宅の簡略神棚に向かって、たとえば「彼氏ができますように」や「お医者さんになれますように」など具体的な願いをずっと言い続けてみることにしよう。ずっと言い続けることで、それは〝苦しいときだけの神頼み〟にはならなくなってゆく。

さらに神社やパワースポットに行くときに、十分パワーをいただくためにも好都合。準備体操、イメージトレーニングではないが、毎日「よろしくお願いします」と手を合わせることで、神社に詣でたときに、日頃の行ないが大きなパワー伝授に変わってゆくのだ。

不思議な力を運んでくれた神棚のお札

神棚に対しての質問もよくくる。神棚を買ったが、神棚の扉は閉めておくべきなのか？

実は神棚の扉に関しては確定的な規則はない。一般の神社は通常扉が閉じていて大きな祭祀のときのみに開かれる。それに倣《なら》うなら、自宅の神棚も正月三ヶ日やお祭り、めでたい日などにのみ扉を開き、普段は閉じておくということになる。

また起きている間は扉を開けてから拝み、寝る際に扉を閉めるという考え方もある。またお札をお祀りしているところは全開にし、空《から》のところは閉めておくというのもある。これは神棚に収める神札は神社のご神体とは違い、神社から授けられた札だという意味からきている。さらに神様は清潔を好むので、ほこりなどが舞い込まないように閉めておくというわれ方もする。ただし先に述べたミニチュアの場合は扉がないものがほとんどだ。

私はこの質問に対して、私の家、会社の神棚はどうしているか？　ということでお答えしている。うちの神棚は基本的にいつも扉を閉めている。それは神社を家でお守りしているという考え方から成る。

それにしても、うちの神棚はお気に入りの崇敬神社のお札が多いこと！

実はこのお札を最初に入れたのは私自身ではない。ちょっと話は横道にそれるが、我が家に神棚が入ったときのことをお話ししよう。これが後々、神社の本を書くことになるきっかけを作ったといってもいいかもしれないからだ。

現在住んでいる家を建てたのは、今年大学一年生の次女が生まれた年である。代々木にある日本一、初詣の参拝客が多い明治神宮をいつも見ることができるような場所だ。当時、毎週仕事で伺っていた会社の社長がいた。実に信心深い人で、今では自宅に大きなお稲荷さんの鳥居をこしらえ、自宅の中に大きな神殿を造ってしまったほどの人である。神職でもない人が自宅に神社のようなものを造ったのを、私はいまだかつて知らない。当然、その事務所にも神棚が置かれていた。

ある日、いつものように仕事でそこを訪れ、事務所に伺うとそれまでの神棚が事務所のソファーの横の棚の上に置かれていた。事業を拡大するために、大きな神棚に替えるということだった。

「社長、この神棚はどうするのですか?」

まだ決めていないと言う。

「うち新築するので、新築祝いで貰《もら》い受けるわけにはいきませんか?」と、どういうわけか、ぶしつけに訊ねてみた。知らないとは恐ろしいことである。神棚は、神社などに頼んで、お焚《た》き上げするのが本当なのだ。でもそのすばらしい神棚を私は、自分の家でも祀ってみたいと強烈に思ったのだ。

社長は「先生に訊《き》いてみますね」と答えた。今ではもう亡くなったが、神道の流れを汲む先生という方が、その事務所の神事や祭事などを任されていたのである。

それから数日後、社長から電話がかかってきた。

「先生に伺ったら、合田さんならしっかりお祀りするようになるからいいですよと、おっしゃられたので、お持ちになってください」

次の仕事の帰りに、自分の車の後部座席に神棚を乗せ、自宅へと戻った。もしかすると、この機会に恵まれなかったら私は神棚を自ら求めただろうか？　本を書くことはもちろん、パワーや氣を体で感じることができるようになっていなかったのではないだろうか？

先生にうちの神棚にも、お札を入れていただくことになった。

「合田さん、これからどんな人生を歩みたいですか？」

私は「仕事でいっぱい全国を回るようになってゆきたい」と答えた。

まだ作家活動も始めていなかったし、会社の運営が主で歌手活動も開店休業状態の時期だった。そのあと著書『童謡の謎』シリーズが当たって、〝童謡なのだから歌いながら講演するのがいい〟ということで、ＣＤが発売されたり各地でコンサートを開くようになるとは思ってもいなかった時期である。

「そうですか。分かりました」

先生が自宅までおいでになり、神棚にお札を入れてくださったのは、それからしばらくしてからである。今なら分かるのだが、これは神棚奉鎮祭と呼ばれる神事である。いくつかのお札が金色の紙や白い紙で包まれており、どこの神社のものかはっきり分からぬまま神棚に納められた。

いや説明はされたのだと思う。「石川県にある白山比咩《しらやまひめ》神社のお札が入っています」とおっしゃられたことは覚えている。白山比咩神社がその後、私にとって大切なポイントになることなどそのときには、当然知る由もなかった。

そのときさっとほかの神社の名前も説明されたはずなのだが、第一、まだまだ神様について全く詳しくなかったから、それは聞き流したのだろう。そのお札は20年近く経った今もそのまま神棚に納まっている。

お札はよく一年に一度、取り替えなくてはならないといわれるが、それもお構いなしだった。と、いうより金色や白い紙に包まれた、私にとっては不思議で特別で大切なお札を交換する気にはなれなかったというのが正直なところだ。

基本的に長い間祀ってきた神様は、継続的にお祀りするのが望ましいのである。長くお祀りすることで神様のみたまが大きくなるからだ。それを止めてしまうことは、俗っぽく言えば、とてももったいないとも感じた。

そしていくつもの神社のお札がどんなものであったかというのは、昨年『神社の謎』を書き上げるまで、私は知らなかったのである。しかしである。書き上げてそのお札を見る機会が訪れた。

驚いたのだが、それらの神社はどういうわけか、前回の本の「合田道人厳選！　必ず行くべきほんもののパワスポ神社」の中で、しっかりその神社を訪ねた後、パワーを感じて、書いた神社ばかりだったのである。すべてのお札は、すべて一冊目の本の中に書かれていたのである。もうこれは偶然を通り越していた。

うちの場合、神棚がある場所より、上にも階があるので、神棚の上に「雲」という張り紙をしている。神棚の上には何もありませんという意味を持つ。神棚の真上の天井と天空を直接結ぶ呪符のようなものである。「天」と書いてもよい。マンションなどの場合、最上階に住んでいない場合などは、神棚の上の壁に「雲」や「天」の字を張るのだ。

設置場所としては南向き、もしくは東向きの明るい場所がよく、神棚の設置する場所の裏側に台所やトイレがあったり、神棚の上が二階のトイレや風呂場だといけないとされる。

さらに仏壇と同じ部屋の場合は向きを変えるが、元々は神仏混淆《こんこう》の日本である。あまりに神経質になる必要はない。

第3章

これからが「おかげ年」！
今こそパワスポへ行く時期なのだ
〜伊勢・出雲編〜

まだまだ間に合う、実際のベストな年回り！

さあここまで、基本的マナーをしっかり頭に入れた。これさえできていれば、パワースポットとされる場所にいざなわれたとき、力を遺憾なく発揮できる。

早速、神社をお参りしに行ってみよう。

と、言っても〝遷宮は過ぎてしまったから、神様の効力が弱まってるのでは？〟と考えがちだが、どっこい！　なんと！　昔から〝おかげ参り〟といって、遷宮の翌年のほうがよりパワーをいただけるということをご存知だろうか？

おかげ参りをすると、より神々から特別なご利益を授かることができるといわれているのだ。だからまだ遅いどころか、これからなのである。

おかげ参りがよいとされるのには、こんな話がある。遷宮の年、古くから人々は〝この時期に限る〟とばかり、わんさと神宮に押し寄せる。神様があまりの人数にお疲れになってしまうので、翌年のほうがしっかりと望みを聞き入れてくださる。

まあ、これはどうかとも思うが、実際の理由は遷宮がまだ終わっていないからなのだ。

まだ途中なのである。

えっ？　そんなはずはない。

確か、2013年10月2日に内宮のご遷宮が、5日には外宮のご遷宮が斎行されたはずではなかったか。そのとおりである。

伊勢神宮には内宮と外宮がある。〝ないぐう〟ではなく〝ないくう〟、〝がいぐう〟、〝げぐう〟ではなく〝げくう〟と読むのだが、意外や意外、伊勢神宮は内宮だけ拝めばいいと思っている人が多いことを聞いた。

さらに同じ内宮敷地内に外宮もあると思い込み、「外宮のお宮はどこですか？」と訊ねてくる人もいる。行ってみて「あら内宮と外宮って違う場所にあったんだわ！」なんて知る人がいるのである。

内宮はアマテラスを祀るお社だが、外宮は豊受大御神《とようけのおおみかみ》（トヨウケ）という食の神をお祀りしている。双方、車で約15分の場所にある。それも外宮をお参りしてから内宮に入らなくてはならない。が、実は伊勢神宮は内宮、外宮の正宮《しょうぐう》だけではなく、その神域内に建つお宮から伊勢周辺に建てられている全部で125社を加えたすべてで神宮というのである。

つまり、内宮と外宮やそのほかいくつかの宮の遷宮は済んだが、１２５のすべての宮が終了するまで遷宮期間は終わらないのである。

内宮域外の別宮最高位とされる月讀宮《つきよみのみや》、同じ敷地内にある伊佐奈岐宮《いざなぎのみや》、伊佐奈弥宮《いざなみのみや》、また神宮からは少し遠いものの崇高な氣を発している瀧原宮《たきはらのみや》、伊雑宮《いざわのみや》。さらにこれまたポイントといえる倭姫宮《やまとひめのみや》、内宮敷地内の別宮、風日祈宮《かざひのみのみや》など、絶大なるパワーを発する宮群は２０１４年10月以降に遷宮が行なわれることになっている。

さらに翌２０１５年1月以降も外宮敷地内の土宮《つちのみや》、月夜見宮《つきよみのみや》、風宮《かぜのみや》などが順次遷宮され、それぞれ神事が行なわれる。それらによってだんだんと神様のパワーが、本来の強い氣へと高まってゆくのである。

と、いうことになると、本格的なパワースポットに生まれ変わってゆくにはまだまだ時間があるということになる。

内宮と外宮などすでに遷宮が行なわれた場所にとっての〝おかげ年〟のスタートが２０１４年ということになり、すべての遷宮が終わった翌年一年間は、もっともパワーが充実する一年という見方なのである。２０１３年の内外宮遷宮の年に始まり、２０１６年に迎える〝おかげ年〟までパワーは炸裂《さくれつ》してゆくのである。

必須！　神宮参拝前に訪れなくてはならない場所
御塩殿神社、二見興玉神社

　ではこれからでも間に合う？　とんでもない！　これからこそが、伊勢参りの本当の時期だということになる。さらに昨年のうちに参拝を済ませた人がふたたび訪れると、パワーが倍加することになる。何度でも、お参りすべきなのである。まさに神宮の外宮、内宮のパワーが日一日と充実してゆくのである。

　その回り方の順番などの諸注意は前作にも詳しいが、やはりもう一度おさらいする必要があるだろう。

　まずは住んでいる場所の産土、氏神を詣でてから出発することを忘れずに。産土、氏神詣では当日でもよいし、前日、前々日であってもいい。「○○山から詣でて参ります」と報告するのだ。そしていざ出発。

　伊勢に着いたとしても、すぐに外宮に向かってはならない。外宮、内宮を拝む前に、しなければならないことがある。罪穢れを清める、祓いの儀式を行なう神社への参拝なのである。

まず、ご遷宮途中は二見《ふたみ》にある御塩殿《みしおどの》神社へと出向くのである。ここは堅塩を作る施設、塩田を備えている神社。塩には邪気を払う力があるとされるが、何しろここの力は驚きに値いする。一揖してから鳥居に足を踏み入れた瞬間に違う空気を感じ取ることができるのだ。先日、前出の神葬祭を行なった息子らと一緒に行ったとき、同行の全員が鳥居から神域に入った瞬間に、「うわあ」といきなり声を発したほど。そこにあるのは、自分の罪穢れを取り除く絶大な力なのである。

厳粛な心を持ちながら、そのまま歩いてゆくと宮が見えてくる。その前にも鳥居がある。改めて一揖してしっかりと参る。そのあと左手の宮に参ってから、さらに奥の道を進んでゆく。波の音が聴こえてくる。ここが塩を作る宮なのである。以前詣でた際には、ちょうど宮司と思しき方がその中で塩を作っておられた。そこでしっかりときれいな心へと浄化させてゆくのである。

そこから歩いて10分ほどで、外宮に参る前に詣でなくてはならない次なる神社がある。二見興玉《ふたみおきたま》神社である。ここも神事には欠かせない塩がポイントとなっている。古くから伊勢神宮に入る前には、清き渚《なぎさ》とされる二見浦で禊ぎ祓いを行なう慣わしがあった。つま

二見興玉神社の片岡宮司と夫婦岩の前で記念撮影

り海に入って身を清めるのである。現在は霊草、無垢鹽草《むくしおぐさ》という海草のアマモで身を清めるお祓いを受けるが、しっかりと海水に浸かり禊をする人もいる。

ここは夫婦岩《めおと》で有名な場所である。4月から8月にかけては、その岩のちょうど真ん中から朝日が昇るが、そのさまは実に神々しい。その沖合700メートルの海中には、ここの祭神である猿田彦大神《さるたひこのおおかみ》（サルタヒコ）ゆかりの霊石、興玉神石《おきたましんせき》が沈んでいる。サルタヒコは、天から降臨した最初の神、ニニギがアマテラスから三種の神器を授かって天から降りるときにお迎えし、途中の邪悪を祓いながら暗い中を道案内した神だ。つまり道開き導きの大神なのである。

神の使いとされる蛙の置物が、境内にはたくさん並ぶが、そこには「無事カエル」「若ガエル」などのほかに「清らかな自分にカエル」といった意味が含まれている。蛙が〝帰る〟や〝返る〟へと変じているのだ。ここで身を清め、導きのとおりに新たなる出発をするのである。私も昨年来、何度もここを拝してから外宮へとお参りに行ったが、神社界の長老である片岡昭雄宮司が来訪をとても歓迎してくださり、私のための祝詞をわざわざこしらえて、神職が上げてくださったのには恐縮した。さらにわざわざ境内を一緒に歩き、説明をいただき感動した。

サルタヒコとともに祀られている宇迦御魂大神《うかのみたまのおおかみ》（ウカ）を祀る天《あま》の岩屋《いわや》は、重要なパワースポットでもある。アマテラスが隠れたとされる岩があり、それはどこかへ続いているような錯覚に陥る。そこを見つめていると、外宮へ導かれる氣が整ってゆくのだ。このウカが外宮の神、トヨウケと同一神とされるのである。

伊勢神宮では御垣内参拝を是非！

さあ外宮に到着した。トヨウケの神は高倉《たかくら》山の麓《ふもと》に鎮座する。アマテラスの食事を司る神として迎えられたが、豊受、つまり豊かさを受けることができる社でもある。江戸時代に著《あらわ》された十辺舎一九《じっぺんしゃいっく》著『東海道中膝栗毛《とうかいどうちゅうひざくりげ》』の弥次喜多《やじきた》は、北御門から外宮へと入ってゆく。現に明治30（1897）年に鉄道が通るまでは、ここが正面口だった。しかし、今は一般的に伊勢市駅から近い表参道から入る。江戸時代まではこのすぐ近くまで民家が立ち並んでいたことから防火用として架けられた火除橋《ひよけばし》を通りすぎる。するとすぐ左手に手水舎が見えてくる。ここで手と口をゆすぐのである。

左側には勾玉《まがたま》の形をした勾玉池が美しい。第一鳥居が見えてきた。笠木《かさぎ》の断面が五角形という特徴を持つ神明鳥居。一揖し左足から神域への一歩を踏み出すのである。まるでそこは森の入口のようでもある。

第二鳥居で一揖してしばらくすると、御神札授与所が見えてくる。文字どおり御札やお守りや神楽の受付をしている所なのだが、ここで是非ご造営金を寄付したい。

今後も未来永劫《えいごう》に続く伊勢神宮のご遷宮、お宮作りのために、自分の気持ちが少しでも役に立つのならという気持ちで寄進するのである。

寄付をすると筆で自分の名前が書かれた寄付の証明書と絵葉書がついた『特別参宮章』をいただける。だが、それがである。わずか1000円からの寄付でこの『特別参宮章』で別空間ともいえる御垣内《みかきうち》参拝をさせていただけるというのだから、実にもったいないほどありがたい。すごいことなのである。それも一回の『特別参宮章』で外宮も内宮も御垣内参拝が叶うのである。

私は前回のとき1万円の寄付をさせていただいたが、それは2級賛助会員とされ、絵葉書や遷宮記念の扇などをいただき、さらに平成28年までの間、幾度であっても御垣内参拝をさせていただけるという特権に驚かされた。有資格者同伴のときはその配偶者、子供も一緒に参拝が可能なのである。さらに神宮徴古館《じんぐうちょうこ》・農業館、神宮美術館もこれで観覧できる。また伊勢神宮崇敬会に3000円、5000円、1万円などで入会することができ、何度でも御垣内参拝することができるのである。

御垣内参拝とは、伊勢神宮の正式参拝のことをさす。通常の一般参拝者は内宮外宮ともに正宮の生絹でできた御幌《みとばり》という白い布が掛けられている外玉垣《とのたまがき》南御門の前から参拝することになる。大抵の参拝者はここ止まりだ。これより奥に進んで正式参拝することなく帰ってゆく。

いや、もちろんこれだけでも十分ご利益があるし、それが普通なのだが、その御幌の奥の空間はまた格別である。別物なのである。これは是非体験して頂きたい。そして全く今までとは異なるエネルギーを感じてほしいのだ。

正殿入口左手にある宿衛屋《しゅくえいや》の神官に『特別参宮章』を見せ氏名、住所を記名する。その後、神官の案内に従い宿衛屋の横に並ぶことになるが、ここで断然チェックされるのが服装である。

御垣内参拝時の服装チェック

大神様と向き合わせていただくのだから、そのぐらいは当然のことなのだが、御垣内参拝時の服装はなかなか厳しいのである。

男性の場合は背広にネクタイを着用し革靴を履くことが必須。和服の場合は羽織と袴《はかま》を着用。しかし、大概男性は普通のスーツを着て、地味目のネクタイさえしていればパスされる。まあ真っ赤なスーツや金のネクタイ、暑い時期だからと言って上着やネクタイを着けず、〝クールビズ〟を気取ったりしていては、もちろんNGだけれど……。

問題は女性の服装なのである。情報によると、男性に準じた服装とされている。

でも一体、準じた服装とは?

ここまでわざわざ来て、帰されるのは癪《しゃく》に障るというもの。どうせならしっかりと頭に入れて御垣内に臨みたいではないか。

女性も洋服、和服はどちらでも構わないが革靴、草履は履いていなければならず、洋和服問わず清楚であることが必要。洋服のとき、いくら真夏といえども肌が露出していては、即刻ダメになるから注意しよう。黒か白で統一し、絶対に間違いないのは礼服の類《たぐ》いということになる。

だからTシャツに上着やジーパン、ジャージ、トレーナーの類いは拒否されると思っていればいい。ちゃらちゃらしたワンピースやミニスカートも、ニットのカーディガンでさえ許されない。ブーツもである。運動靴、サンダルもいけない。子供の場合は学生服、セーラー服に革靴であれば問題はない。何しろ服装チェックは厳しいと思うべきである。

私は昨夏、宿衛屋で名前を書くときメガネをおでこの上にちょっとずらしていただけで、注意を受けた。しかし外宮がパスできれば、内宮はほぼ大丈夫である。OKが出ると塩でお清めを受け、神官に先導され玉石の上を歩む。その一種独特な、なんとも形容しがたい氣の力はただものではないのである。

正宮の前ではお願いごとをしてはいけない！

とうとう正式参拝である。内玉垣南御門外の前に立つと、なんとも形容しがたい大きな力で、ひれ伏してしまいたくなるほどだ。その圧倒的なパワーを前に、二礼二拍手一礼を行なう。しかしこのときには「ここを詣でさせていただき、ありがとうございます」とだけ、感謝を述べればいいのである。これは御垣内に入ることが叶わなかったとき、つまり御幌の後ろで参拝するときも同様。ここの前に立ったら、いちいち「病気が治りますように」とか「恋人ができますように」「学校に入学できますように」といった具体的なお願いをしてはならない。逆効果なのである。

これは内宮でも同じなのだが、何しろ正宮ではひたすら感謝を捧げるのである。ただ御垣内参拝を経験したら、そんな細かいことをいちいちここでお願いしよう……などと思わなくなっている自分に気づくだろう。

実は私は遷宮後すでに3度、伊勢神宮を訪れる機会に恵まれ御垣内参拝をさせていただいたが、そのときにはまだ以前の正宮が建てられたままだった。それを新宮の後ろを回っ

伊勢神宮　外宮。白い布、御幌の先が御垣内となる

伊勢神宮　旧外宮。ここを後ろから見せていただいた

て、以前の正宮、社殿を見せていただくことができたのである。つい数日、数ヶ月前まで神様がいらした社を間近に見せていただく。そこにはまだ確実な強い氣が残されており、同時に新しくなった正宮を垣根越しとはいえ、横からしっかりと拝ませていただける幸運を授かったのだ。

新旧の社を同時に見ることができる20年に一度の光景を、私は幾度も目の当たりにし、瞼《まぶた》の奥に焼き付かせたのだった。

願いごとをしっかりと述べる宮はここ

正殿参拝では、感謝の念を述べるだけで十分だ。では具体的なお願いをする場所はあるのか？

もちろんである。それはこの外宮の敷地内にある別宮なのである。

正宮から別宮に向かう道の脇にある川原《かわらの》祓所、別名、三ツ石は式年遷宮の際にお祓いを行なう場所だ。ここをパワースポットと紹介している本があるようだが、神宮の神職によれば「そこは単なる、遷宮時のお祓い場所にしかすぎませんので……」

次に池に架けられた一枚岩の橋を渡る。ここは亀石と呼ばれ、岩をよく見ると亀に見えてくる。ここで手を合わせ、健康や長寿を祈る。亀石を過ぎると宮が左右に見えてくる。その宮を詣でる前にそのまま前方の98段の石段を登って、多賀宮《たかのみや》へと参るのが先だ。この宮こそが、具体的なお祈りをする場所なのである。

事を始めるときや決断に困ったとき、しっかりとパワーを与えてくれる。ここでトヨウケの神に願いをかけるのである。

そのあと階段を下りてまっすぐ前に建つ土宮を先に詣でて、そのあと風宮へと詣でる。それぞれ鳥居があるので一揖を忘れないこと。

風宮に祀られる級長津彦命《しなつひこのみこと》（シナツヒコ）、級長戸辺命《しなとべのみこと》（シナトベ）は、蒙古襲来のときに神風を吹かせたといわれる神だ。

窮地に陥ったとき、また考えが定まらなかったり、打開策が見つからなかった場合は、ここで一心に拝みたい。すると必ず導きを与えられる。

その後、石段の左手を進むと水の神様、下御井《しものみい》神社があり、御神札授与所へと戻る道すがらには、一段高い石段の中にぽつんと一本だけ榊の木が立っている四至神《みやのめぐりのかみ》がある。

外宮の土地の四方を守護している神で、この神にしっかり手を合わせることで、今までこの外宮で拝んできた内容がすみやかに叶うようになる。四方に一度ずつ、つまり木に向かって東西南北、4回回りながら、「お聞き届けください」と挨拶すると、より効果的。

「どうぞ四方にいらっしゃる外宮の神様、勝手なお願いごとばかりをして参りましたが、どうかお力を授けてください」といった総まとめとでもいうべき場所なのである。

「いろいろとありがとうございます」といった最後の挨拶をする場所といってもいい。

そこから御神札授与所で御朱印をいただき、神楽殿、神様の食事を調理する忌火屋敷《いみびやしき》、神馬《しんめ》が飼われている御厩《みまや》を通って、北御門の鳥居をくぐり後ろを振り返り一揖し、外宮を後にするのだ。

敷地の外にある別宮

外宮の別宮として、敷地内に多賀宮、土宮、風宮があるが、月夜見宮《つきよみのみや》は、北御門口から歩いて数分の場所に建つ。外宮から月夜見までの道を〝神路《かみじ》通り〟といい、ここも左端を慎ましく歩く決まりがある。月讀宮と書いて同じ読み、同じ祭神を祀る宮もあるが、そちらは内宮のほうの別宮で、外宮のほうの別宮が月夜見宮である。なぜ同じ読みで、内外それぞれに別宮があるのかは不思議だ。

〝ツクヨミ（ツキヨミ）〟とは、アマテラスの弟神のことであるから、その氣は十分なのだが、月讀と月夜見は今では同一神とされているものの、元は内宮の月讀は男性神で外宮の月夜見は女性神だという話が残る。

確かに宮を比べて参ってみると、氣の違いを感じることができるから試してみたい。月夜見宮にはおおらかさ、やさしさ、静けさといった氣がある。それはまるで天空から暗闇を照らすような力なのだ。まさに月の力なのである。悲しみ、辛《つら》さを明るい方向に導いてくれる方法の〝うかび〟、つまり心の声が聞こえてくる宮といえよう。

すべての導きを教えてくれる神
猿田彦神社、椿大神社

遷宮前までは内宮のすぐ前のA駐車場に容易に駐車できたが、その後に詣でたときは、駐車まで待ち時間一時間以上。しかし現在、土曜日曜祭日はここには駐車できないことになっている。そこは観光バスのための駐車場となっているのだ。実際、さらにその後に向かったとき、それは土日祭日ではなかったが、やはりA駐車場には置けなかった。

内宮の入口から歩いて15分ほどのB駐車場に停めるのをすすめるが、2014年のゴールデン・ウィーク時などには混雑のためB駐車場、C駐車場も閉鎖、その横のD、Eも満車で、五十鈴川の河川敷駐車場まで溢れた。ここまで来てしまうと車での移動も考えものだ。いや、それほどまでに伊勢詣でがブームになっているという証拠なのである。

ゴールデン・ウィークには、この方法も叶わなかっただろうが、私はいつもB駐車場向かい側にある猿田彦神社の駐車場に車を停めて、サルタヒコの導きを頂いてから内宮へと向かう。まさにサルタヒコは導きの神なのだし、交通の神でもあるからだ。

道を渡って、数分に一度の間隔でやってくるバスに乗り込んで、2つ目の停留場が内宮前だ。バスに乗り込んで内宮を参り、帰りはおかげ横丁で土産品などを求めながら、また猿田彦神社へと戻るのだ。これがまたちょうどいいコースなのである。

猿田彦神社は実は、伊勢神宮125社とは直接関係はない神社だ。

しかし、その昔ここ一帯を守っていたサルタヒコの子孫に当たる大田命《おおたのみこと》は、五十鈴川上流の霊域を倭姫命《やまとひめのみこと》（ヤマト姫）に献上した。そこに神宮が建立されたのだから、パワーは十分。必ず正面の鳥居をくぐりお手水を忘れずに本宮へと参ろう。

サルタヒコは外宮参拝前に詣でた二見興玉神社と祭神は同じである。

天孫降臨の際に暗い道に明かりを照らしたサルタヒコだったが、体が大きく威風堂々とした形相《ぎようそう》だったとされる。仏像にたとえれば仁王様のように、爛々《らんらん》と目を輝かせ、その目の強い力で睨《にら》みつけられると、見返す神々すらいないほどの迫力だった。

だからこの神は、何かに迷っている場合、お先真っ暗で方向を見失ったとき、またはその前途に光明を失ったとき、しっかりと参拝すれば暖かい手を差し伸べてくれる。

二見興玉神社がその導きによって大神、伊勢神宮、特に外宮への導きを知らしてくれる神社だとするなら、猿田彦神社は内宮への導きそのものである。正しい方向に向かう者にとっては、『日本書紀』に「啓《みちひら》き行かむ」とあるように、特に効果が得られるのだ。そのとき受けた〝うかび〟こそが自分の行く道、お導きであると信じるのだ。

さらにこの神社には降臨の際、サルタヒコと応対し妻となった天宇受売命《あまのうずめのみこと》（ウズメ）を祀る佐瑠女《さるめ》神社が本殿に向かい合うように建っている。サルタヒコの形相に恐れを成す男神たちとの仲を取り持ち、ニニギから〝サルメの君〟の名を賜った女神である。

つまり天上の神、天津神《あまつかみ》と、地上の神、国津神《くにつかみ》との間を取り持ったのである。そこから男女間の縁に限らず人と人との出会い、仕事や物との結びつき、良縁の神として人気を高めたのだ。

ウズメとは、アマテラスが天岩屋に閉じこもった際に、岩戸の前で舞踊し、その縁でアマテラスを復活させ、光の空間を元どおりにした。そのため踊りの神、俳優《わざおぎ》の祖とされ、芸能の神として崇敬されているのだ。藤井《ふじい》フミヤ、松平健《まつだいらけん》、伊藤英明《いとうひであき》などここを訪れる歌手や俳優、芸能人が多いことも納得する。

ここはウズメの特徴といえる元気でおおらか、一生涯美しさを求める女性の守り神でもある。その美しさというものも、顔形だけではなく、人々から愛される力、性格の美しさを与えてくれる。ここでは二社のご朱印をいただける。

さらにこの二柱の神の総本宮というのが、同じく三重県にある椿大神社《つばきおおかみやしろ》である。ここが伊勢国の一宮《いちのみや》で、創始が紀元前300０年と伝わるから日本最古の神社のひとつだ。魂の道を邪魔する力を抑え、地上すべてを総括する力が絶大。

別宮の椿岸《つばきぎし》神社がウズメの総本宮で、こちらも芸能関係者の赤い名札が奉納されており、そのなかには実は私の名前の札もある。

別宮右手にある〝かなえ滝〟は、望みごとが叶うといわれるから、滝に向かってエナジーパワーを受けるとよい。ここも社務所に頼むと両社ともの御朱印をいただける。

まずはお取次さん！　そして鹿に遭遇した場所へ

さてとうとう内宮へ。

およそ２０００年前の垂仁《すいにん》天皇26年（紀元前４世紀）に創始されたといわれる社は、元は皇室のみ参拝が可能な場所だった。それが徐々に庶民へと広がり、江戸時代から現代まで〝日本の総氏神〟として崇拝されてきたのだ。宇治《うじ》橋は俗世から神の領域、聖界への架け橋という感じがする。ここは右側通行である。

とうとう神の国への一歩だ。鳥居で一揖。敷き詰められた玉砂利からは、早くも独特のパワーを感じさせる。歩いてゆくと、火除橋が見えてくるが、明治以前はここが内宮の入口だった。右手に五十鈴川の水を汲み上げた手水舎があり、ここで手を洗い、口をゆすぐと第一鳥居。かつてはここからが神域だったのである。

ここからの空気が〝パン〟というように変わることに気がつく。

右手に御手洗《みたらい》場が見えてくる。五十鈴川へと坂道を下っていき、もう一度身も心も清めてからお参りの準備をしたいものである。私は必ず川辺まで下り、そこで二拍手し、改めて手と口を清める。そして正宮へと進んでいくのだが、正宮に参る前に必ず参拝すべき場所がある。

五十鈴川の御手洗近く、五十鈴川の水神を祀る滝祭神《たきまつりのかみ》である。そのまま観光客たちと一緒について歩いてゆくと、見落としがちである。川から上がってすぐに右手に折れるのである。所管社と呼ばれる小さなお宮、ここが古くから〝お取次《とりつぎ》さん〟と呼ばれる特殊な神社である。正宮を詣でる前に、名前と住所、参拝に来たことを報告することで、アマテ

まずはお取次ぎさんとされる伊勢神宮内宮　瀧祭神へ

ラスに「○○が参りにきました」と先に伝えてくださるという箇所である。

　そこで取次をお願いし、そのまま進むと道が左右に分かれる。左手に向かうと正宮なのだが、私は先に右手に曲がり、橋を渡る。風の神、別宮風日祈宮へとまずはご挨拶に伺う。アマテラスは太陽の神、つまり日の神イコール火の神ともされる。風は火の力を助けるから、風の氣を十分に受けてから、正殿に向かうのである。

　この場所では自然の動物に遭遇することが時たまある。とても運のいいことだ。昨年詣でたときにも、たぬきのようなむじなのような動物が川の方へと走っていったが、実は私は10年ほど前に伊勢神宮を訪れたときにも動物に遭遇している。

そのときがはじめてのお伊勢さんだったと記憶する。信心深いというほどでもなかったし、「伊勢に仕事に来たのだから、有名な伊勢神宮ぐらいは寄ってみよう……」と思ったぐらいのものだった。ところがそこで鹿《しか》に遭遇したのである。正宮にお参りする行きと帰りの、今考えてみれば次のお社が遷宮で建てられる、いわゆる空き地、古殿地だったのだろうが、そこに鹿が一頭、姿を現した。はっきりと目と目が合ったことを覚えているし、光景も思い出すことができる。

そのとき一緒にいたのが、「ひまわり娘」の伊藤咲子《いとうさきこ》さんだった。ちょうど彼女は、当時大病を患《わずら》った後で、芸能界に復帰しようと思っていた時期だった。私の童謡コンサートのゲストで、久々に遠出の仕事をしたときだった。彼女曰《いわ》く、「私もしっかり覚えていますよ。白かったと思います」。でも二人とも、ここは春日《かすが》大社のように鹿が普通に飼われているのだろう……としか思わなかったから、それが珍しい光景だったとはついぞ気がつかなかった。

周囲にいた人たちも「わ～鹿だ！」と口々に言いながら、カメラのシャッターを切っていた記憶がある。昨年、前作を発売するときすら、これが珍しいことだと知りもしなかったのである。

それがである。本が出てから、よく神社参拝なども一緒する友人と飲みながら、この一件を思い出して話した。すると彼ははじめ、全く信じず「嘘ばっかり！」とだけ言った。「嘘じゃないよ！」と、私もムキになって話していたら、また「ほんとなの？」と何度も訊き返す。「ホントだよ！　なんならサッコ（伊藤咲子）にも訊いてみる？」。

すると彼は「なるほどね。やっぱりお導きなんだね……」と言うのだ。

鹿とは神のお使いなのだそうである。

驚いて調べてみると伊勢内宮ではほとんど、人前には姿を見せないものの、裏の山に鹿は生息しており、昔からそれは神様の使いだとされていたのである。

それから10年ほど経って、ふたたび伊勢を何度も詣でるようにスイッチが押されたのである。あれから鹿には遭遇してはいないが、こういった本を書くようになるとは、そのときから決められた宿命だったのだろうか？

鹿さんのお導きというところか？　それにしても不思議な話である。

お願いごとは荒祭宮で！

とうとう正宮にお参りする刻《とき》だ。太古から変わらぬ姿で日本人を見守ってきた穏《おだ》やかで雅《みやび》やかなアマテラスの神氣がキラキラしている。階段を上り、外宮でいただいた『特別参宮章』を差し出し、御垣内へと進む。周りの空気がまたもや〝パーン〟と変わった。

大きく二礼して、大きく二拍手。

外宮同様、ここでこまごました願いは通用しない。〝日々感謝しています。ありがとうございます〟〝とうとうこちらに参ることができました〟と心で唱えるだけでいいのだ。〝お取次さん〟のおかげを感じることができる瞬間である。

正宮で感謝の念を述べ、深々と一礼をして御垣内を後にする。そして次に行くべきところが、アマテラスの魂が活動的になった状態を祀っている荒祭宮《あらまつりのみや》なのである。ここが願いを叶えてくれるスポットである。

向かう途中の階段の真ん中あたりに〝お踏まずの石〟と呼ばれる石があり、それを見つけ出し一礼すると、願いがより聞き入れられる。荒祭宮ではしっかりと時間をかけてお願

遷宮後、内宮へ向かう筆者

いごとをしたい。祝詞のタイミングもここ。

そのあとご朱印をいただくが、第62回遷宮記念のご朱印帳を求めることができる。しかしそれはお札などを売っている社務所では購入できない。そこから帰り道の途中にある参集殿に売られているので要注意。参集殿は参拝者の休憩場でもあるが、そこに記念のご朱印帳があり、もちろんそこでご朱印もいただけるのだ。ただし開いている時間は4時までなので注意しよう。

そこから先ほど、正宮へと向かって歩いた道と交差するのだが、橋を渡ってまた俗世に戻る前に、右手奥に建つ神路山の入口を守る大山祇《おおやまつみ》神社と、その左手奥に安産、子供の健やかな成長を祈る神を祀る子安《こやす》神社を詣でよう。ここも独特なパワーがある。そこからもう一度道を戻り、宇治橋を渡るのである。

ここから車を駐車してある猿田彦神社へとおはらい町通り、おかげ横丁を通って、歩いてゆく。伊勢の門前は土産物店や食事の店で賑わう。伊勢名物の伊勢うどんや手こね寿司の看板が多く見られる。松坂牛《まつつぁかうし》も名物だ。私のお気に入りは大エビフライ定食。

この地域は海老を開いて揚げるのが特徴で、それがまた驚くほどに大きいのである。お土産となれば赤福、伊勢玩具やだるまなどの縁起物もある。おすすめは御垣内の清浄な石をイメージした〝御垣内の清石〟というクッキー。

参拝順を間違えられない月讀宮

内宮の境外別宮として、外宮の月夜見宮と同じく月讀宮は訪れたい。こちらが男神とされる神社だ。アマテラスの弟だが、ここに4つの社殿が並ぶ。

アマテラスやツキヨミの祖神を祀ったイザナギ、そしてイザナミの宮もある。ツキヨミの荒魂《あらみたま》を祀ったものもある。外宮や内宮の正宮でも分かるとおり、やさしくおだやかな普通のときの神のパワーを持つ和魂《にぎみたま》があるのと同時に、これは神だけではなく人もそうであるが、怒ったり強い意識を持つときがあるが、それが荒魂と呼ばれるものだ。願いごとを聞き入れてもらう場合は、荒魂のほうがよく効くというところか？

月讀宮もその荒魂が祀られるが、ここの宮は参る順番を間違うと、逆効果になる。まずは月讀宮、つまり和魂に「お参りに参りました」と挨拶をしてから、次に月讀荒御魂《つきよみのあらみたまの》宮《みや》、荒魂のほうへと進むのだ。そこでしっかりと願うのだ。

ここは誰にも負けない思いやライバルに競り勝つ強さを与えてくれる。たとえライバルとの戦いに敗れても違った面で花開く、または後々、それは負けたほうがよい結果を招くといった目に見えない本質のパワーを授けてくれる。その後にツキヨミの父、イザナギ、母のイザナミの宮の順にすること。

月讀宮に次いで、外宮に近い倭姫宮《やまとひめ》と向かう。ヤマト姫はヤマトの国から伊勢までアマテラスの荒御魂を運んだ第11代垂仁天皇の第四皇女。日本武尊《やまとたけるのみこと》（ヤマトタケル）の叔母である。その姫を祀る神社として大正時代に別宮に認められた、伊勢神宮125社の中、もっとも新しい社である。この宮は生きていることへの感謝、さらに自分のためだけではなく、他人のために動く、働くという力がある。

会社にたとえてみよう。社長なり部長なりを助ける、縁の下の力持ち的存在の人間がいる。それによって自分のレベルを上げてゆく人がいるものである。そんなパワーを与えてくれる社がここだといってよい。また、とことん悩んでも答えが出ないときにここを訪ねると、その方法が示される。

隠されたパワースポット、瀧原宮

内宮から周囲のパワスポ神社へ。さらに時間を作って是非とも行ってみたい神社が、遥《とおの》宮《みや》として崇敬され、漁師や海女の守り神とされる志摩《しま》にある伊雑宮《いざわのみや》である。さらに同じく遥宮とされ、内宮外宮より歴史が古いという瀧原宮《たきはらのみや》とその隣に建つ瀧原竝宮《たきのはらならびのみや》。これらは隠れた、いや隠されたパワースポットといっていい。

ヤマト姫が大河の瀧原の国に氣を感じ、建てられた瀧原宮は、凜《りん》とした竹まいに品格すら備わる。瀧原宮は内宮の雛形ともされ、〝ミニ内宮〟とも呼ばれているのだ。〝本当の伊勢はここにある〟ともいわれてきた場所なのである。

五十鈴川同様、清流で手を洗い、口をゆすぐ御手洗《みたらい》がある強力な聖地だが、ここは導かれる人以外、あまり訪ねることがない。いや、遷宮ブームの人混みから一種隔絶された神域なのである。この氣をあなたには体験してもらいたい。

鳥居から参道を抜けると、奥に4社の建物が見えてくる。しかしここでも回る順番が大切なポイントとなる。まずは本宮、瀧原宮、その後に瀧原竝宮をお参りしてから、3番目に若宮神社、そして長由介《ながゆけ》神社の順に参る。隣へ隣へとお参りしがちなので、順番には注意を払いたい。

出雲大社のおかげ参りは2017年まで!?

さて伊勢の遷宮に倣《なら》って出雲大社も遷宮翌年を〝おかげ参り〟の年と見なしている。いや、どの神社であっても遷宮、つまり建物などを改修したときは、その遷宮終了の年だけではなく、翌年を〝おかげ年〟と見なしているところが多いのだ。

そうなると出雲大社など、まだまだ遷宮の効果テキメン真最中なのである。だって摂社末社も含めると、出雲の「平成の大遷宮」、こちらも2016年まで遷宮は続けられている。と、なれば2017年までが〝おかげ参り〟と称することができるのである。

さらに今回の出雲大社千家家に皇族が嫁す……というニュースが重なり、出雲ブームはとどまることを知らない。〝出会い、結婚〟ブームパワーもどんどん増している。

出雲には毎年、旧暦10月に全国の神々が集うとされる。だからこの月を〝神無月《かんなづき》〟と呼ぶ。だが、反対に出雲としては〝神無月〟どころか、神様がたくさん集まることになるから〝神在月《かみありづき》〟というのである。

平安時代に刊行された『奥義抄《おうぎしょう》』によれば、神無月のことを「天下のもろもろの神、出雲国にゆきてこと（異）国に神なきが故にかみなし月といふをあやまれり」とあるから、すでにそれより古くから神無月には出雲に神が集まることは決められていたことになる。

つまり現在の北海道、沖縄諸島を除く場所から、神々はここに一堂にやってくることになる。出雲大社の境内では縄文時代まで遡《さかのぼ》るさまざまな遺構や遺物が発掘されているから、少なくとも弥生時代、古墳時代から聖なる場所として祀られてきたことが分かる。

大社に入る前に神が集まる朝山神社とは!?

旧暦10月10日の夜、2014年でいえば12月1日に出雲大社近くの海岸、稲佐《いなさ》の浜に八百万の神様たちは到着するのだが、実際は出雲大社に入る前にすでに出雲入りしているのだ。宇比多伎《ういたき》山の頂上付近に鎮座する朝山《あさやま》神社へ、最初神々は向かうのだ。

この朝山神社の主祭神は眞玉著玉邑姫命《またまつくたまのむらひめのみこと》（タマムラ姫）という。

オオクニが、毎朝山を登って会いに行くほどの美女だった。または朝帰りもしばしばだったといったところから、〝朝山〟と呼ばれる。

言い換えれば、オオクニがここに通《かよ》って愛を分かち合った女性の存在である。オオクニがわざわざ出向いてくるというところから、正妻ではなかったことが判明するが、その器量のよさはもとより性格のよさも、周囲みんな誰からも愛される存在の女性だった。

オオクニにとっても安らぎを与えてくれる、気のおけない姫君だったということなのだろう。だからこそ全国の神々が集まる、〝神在〟の大切な行事の束《たば》ねを仕切らせたともいえる。神々は、その後始まる人々の出会いを決める会議開始までの間、まずはここでのんびりし、タマムラ姫の接待を受けるのである。そしてその後、出雲大社入りを果たすのだった。

ここ朝山神社は、拝むだけで心清らかで気が利く女性になる……というパワーを持っている。恋の出会いのためには自分を磨くこと。その磨き方を自然と伝授してくれる女神を

八百万の神々が到着する稲佐の浜

祀る社だから、女性たちに人気が高いのは納得だ。

神々が出雲入りする場面

そして稲佐の浜に篝火《かがりび》が焚かれる中、先導役となる龍蛇神（海蛇）とともに、朝山神社を通って神々は出雲へと入ってくる。その儀式のおごそかさは、すでにこの世のものを超越している気を起こさせる。寒い時期ではあるが、その重厚さ、荘厳さは一度体験しておきたいパワーを持つ。

地域地域を統括している神と祀られる要人

たちが、続々と出雲の地に集まってくると考えればよい。自ら鎮座している場所から離れない留守神は除いて、ほとんど全国の神々がここに集結するのだ。

留守神？　そうである。出雲の会議には参加が許されない、または行くことがない神たちが留守神で、これらの神は元来、神社という形で祀られる祭神ではないというところにある。

神職の修祓《しゅばつ》のあと、神迎えの祝詞を上げ、大社境内の東西それぞれにある十九社《じゅうくしゃ》へ神々は向かう。この東の十九社、西の十九社が神々の宿泊施設と考えられているのだ。そこに寝泊まりしながら、翌年のすべての出会いを決める会議が、これから日夜行なわれるということになる。

今後誰と誰を出会わすのか？

男女間だけではなく、すべての出会いを決める、これが年に一度の〝神議《かむはかり》〟とされるものである。

いい出会いだけではない。病いや死との結びつきまで決めてしまう七日間の会議が大社の外に建つ摂社、上宮で行なわれるとされるのである。

新しく甦った出雲大社

おかげ年、今までのデータ調査

相当数の神様が出雲に集まる。と、いうことは、この時期の出雲はとてつもないパワー満点地域になる。特に大社のおかげ年と重なる2014年からの〝神在月〟の出雲は、絶対おすすめのポイントだ！

これまでの統計によれば、大社の遷宮やおかげ年、さらに翌年には景気好転、縁結び効果で婚姻率上昇となるらしい。これは、乞うご期待だ！

たとえば、戦後1回目の遷宮は昭和28（1953）年のことだった。この年からテレビの本放送が開始されている。まだ戦争が終わって8年。景気は安定せず、戦地から戻っていない人々もいた。ところが遷宮斎行2年後に突然、日本の景気は回復して、神武《じんむ》天皇以来の好景気とされ、それは神武景気と呼ばれた。その後、イザナギ景気、岩戸景気と、神代の昔の生活のような景気のよさを復活させ、そこから日本は大きく立ち上がってゆくのである。

結婚のデータを見ても、遷宮前年の昭和27（1952）年は全体の70%が見合い結婚だったのが、遷宮の翌年、翌々年あたりから恋愛結婚が急に増え出すというデータになっている。と、なればこれからの数年は実にいろいろな意味でのチャンスが到来しそうである。

そんな大社遷宮の年、2013年の〝神在月〟に私はちょうどコンサートで、島根県出雲にいたのである。それも不思議な重なり合いだった。実はスケジュールをいただいたとき、出雲に行けることはうれしかったが、〝神在月〟だということに全く気づいていなかったのである。そのスケジュールは11月の終わりだったからである。

そうである。神無月は10月のことをさすではないのか？　11月の終わりが神無月（神在月）だとはとっさに思えなかったからである。

えっ？　どういうこと？

神事はすべて旧暦にのっとる……は先ほど説明したが、まさにそれを教えられたのだ。

ここからは昨年、「神社の謎」の第一弾ともいえる『全然、知らずにお参りしてた　神社の謎』を発売した後に伺った神社の中で、特に氣を感じさせてくれた神社の話をしながら、進めていこうと思う。

第4章

合田道人の厳選神社
まさかの連続！　ここぞパワスポ！
～体験編～

ファンになった出雲の地

2013年、伊勢の遷宮の年に「伊勢めぐり」を歌って「紅白歌合戦」にも出場した水《み》森《もり》かおりさんに去年初秋に会ったときの話。彼女はデビューの頃から、私がやっていたラジオ番組のゲストとして遊びに来てくれていたりしたから、もう十数年、いつもよく会う歌手の一人である。「東尋坊」が当たってからは、〝ご当地ソングの女王〟として毎年、いろんな町の歌をヒットさせてきた。実はアルバムの中には、「神在月」という歌もあったし、「島根恋唄」もヒットした。

そんな彼女がテレビ収録の日に、「合田さん、出雲大社に行ってきますよ！　10月の神在月に……」とわざわざ言いに来てくれたのだ。

すぐさま、「かおりちゃん、神在月なら旧暦の10月だよ！　現在のカレンダーの10月に行っても神様集まってないからね！」「えっ？　だめ!?　（現在の）10月に行こうと思ってたのに！　どうしよう……？」とちょっと曇り顔。

結局、彼女はスケジュールどおりに、神在月ではない10月に出雲を訪れたようだ。

まあ、神社なのだから、いつ詣でてもいいという話はしたとおりだが、彼女はちょっとがっかりした様子だった。結婚でもしたかったのかなあ？　でもしっかり遷宮後の出雲大社をお参りしてきたことに変わりない。

私の出雲のスケジュール日程は、そんなことを彼女に言いながらのまさかの神在月だったのである。それも神様が出雲から自分が鎮座する全国各地の場所にお帰りになるという日に重なっていたのだ。それもこんないきさつがあった。

私がはじめて出雲を訪ねることができたのは、その前年のことだった。それまでも何度か島根県には仕事で伺っていたものの、出雲大社はおろか、ほかの神社も回ったことがなかった。それが2012年の仕事の際は、『古事記』の発刊1300年記念の行事が、出雲大社すぐ前の場所で開催されていたし、ちょうど島根に仕事が入ったこともあり足を延ばした。それもその「古事記展」の最終日だった。そこを見学し、はじめて出雲大社を詣でたのである。

そのときの圧倒的な氣に驚いた。遷宮前だったこともあり本殿の屋根は、すっぽりシートに包まれていたが、この機にいくつかの出雲周辺の神社を回ることができた。そのとき今まで体験したことがない不思議な出来事に何度も遭遇したのである。そのひとつひとつは前作に書いたが、そのとき後々判明するのだが、こんなことがあったのである。

その「古事記展」で、733年に編纂された『出雲國風土記』には、『古事記』や『日本書紀』には登場しない独特の〝くにびき神話〟があるという話を知ったのだ。

それによると、「昔々、出雲創造の神とされる八束水臣津野《やつかみずおみつぬ》命《のみこと》（オミツヌ）は出雲の国を見渡し、〝この国は、細長い布のように小さい国だから、どこかの国を縫いつけて大きくしよう〟と思い立った。そこで海の向こうの朝鮮半島の新羅《しらぎ》から余った土地を引き寄せようと考えた。オミツヌは、幅の広い大きな鋤《すき》を使い、大きな魚を突き刺すようにぐさりと土地に打ち込み、掘り起こし切り離した。そして三つ編みにした丈夫な綱で『国来《くにこ》、国《くに》来《こ》』と言いながら力一杯引っ張ると、そろりそろりと動くようにゆっくりと動いてきて出雲の国にくっついた。こうして合わさった国は、杵築《きづき》のみさき（現在の出雲市小津《こづ》町から日《ひの》御碕《みさき》まで）となった。そのとき、引っ張った綱をかけた杭が佐比売《さひめ》山、現在の三瓶山《さんべさん》である。その綱は薗《その》の長浜となった」。

さらにオミツヌは北の方の国から同じように狭田《さだ》の国（小津から東の鹿島《かしま》町佐陀《さだ》まで）、闇見《くらみ》（松江市島根町あたり）、最後に北陸地方の高志《こし》の国から引っ張って三穂《みほ》の埼（松江市美保関《みほのせき》町）としたという話である。

こんな神話を聞いて、ここに韓国のひとつの集落が上陸して移り住んだということだろうか？　高志とヤマタノオロチが関係しているのだろうか？　などとさまざまに想像をめぐらせ、マネージャーと話しながら、帰りの飛行機の時間まで神社を回っていた。

すると「ここから約40分」と書いてある看板を見た。〝さんべ荘〟と書いてある。神話で綱を引っかけた山、三瓶山にある温泉施設のようである。私はすぐにも、そこに行きたくなってしょうがなかった。車を運転していたマネージャーは、「ここから40分、温泉に入ってから空港までなど、到底時間はありません」とキッパリ！

〝ああ、行ってみたかったなあ。神話の里に〟と思ったが、あきらめなくてはならなかった。空港に着いてレンタカーを返したら、すでに搭乗時刻が迫っていた。やはり行ける距離ではなかったというわけだ。ただすばらしい出雲の氣に触れて、私はこの旅で出雲ファンを自称するようになっていた。出雲の2回目の旅がそれから一年後のコンサートだったのだが、なんとコンサートの依頼先こそが、その〝さんべ荘〟だったのである。

「えっ？」私は一瞬、耳を疑った。出雲にふたたび行ける喜びも吹っ飛ぶほどに驚いたのは無理もない。さらにその指定された日こそが神在月だったのである。

180人の子供を作った恋多き男の社

コンサート前日、私たちはまず出雲の空港に下り立った。そして出雲大社へと車を走らせた。

『神社の謎』で書かせていただいていたことも左右したのか、神社関係の方のご縁で、なんと出雲大社の御垣内参拝が叶ったのである。神職が中まで案内してくださり、涙が出るほどに嬉しかった。この地は、二礼二拍手一礼ではない。出雲神は二礼四拍手一礼でお参りするのである。

その理由として東西南北に関係しているとか、日本の四季を意味しているとか、はたまた元は異国の神だったからでは？　などいろいろな憶測が飛び交っているようだが、はっきりした答えは分かっていない。しかし昔から、出雲の神様を拝するときは四拍手を打つことになっているのだ。

御垣内に入ると、重圧感とともにオオクニ特有の人間っぽさが漂ってくる。これはアマテラスには感じない氣なのだ。アマテラス、つまり伊勢を参拝したときやアマテラスを祀る神社に参ると、そこには人間とは別物の、いや人間を超越した何かを持つ氣を感じる。しかしオオクニ、つまり出雲大社を参拝すると、人間臭さを感じるのだ。さすが〝国造りの神〟と称されるだけあってか、汗を流しながら頑張っている姿、努力と栄誉への道をひたすら求めながら突き進む懸命な人間としての生き方がひしひしと感じられるのである。

それは今でこそ、神として崇められているものの、あるひとりの〝オオクニヌシ〟と呼ばれる人間が、実に偉大であったため神として祀られたのだろうということを確信させてくれる。神秘的な人間臭さを感じさせる神とでもいうべきか。

オオクニが祀られる大社の御垣内にはオオクニの妻神たちを祀った社がいくつも建てられていた。オオクニが〝縁結びの神〟とされる理由は、その妻神の多さが挙げられる。女神との間には多くの子供をもうけ、『古事記』には180柱、『日本書紀』には181柱の子供がいたと記されているほどである。人間臭さはこんなところから出ているのかもしれない。いやいや、いくらなんでも180人の子供を作ったとなったら、やはり人間離れしてるのだけれど……。これはオオクニは、昔から男たちの憧れの的だったということをさしているとも考えられるのだ。

記紀だけを見ても須佐之男命《すさのおのみこと》（スサノオ）の娘である正妻の須勢理毘売命《すせりびめのみこと》はじめ、因《いな》幡《ば》の〝素兎《しろうさぎ》伝説〟に見る最初の妻、八上姫《やかみひめ》、越、つまり越後の〝翡翠《ひすい》の女神〟である沼《ぬな》河比売《かわひめ》、さらに筑紫の宗像《むなかた》三女神のひとり、多紀理毘売命《たきりびめのみこと》、それに神屋楯比売命《かむやたてひめのみこと》……。5人や6人の妻で180人も子を持つことはあり得ないだろうから、妻という名の女は、もっともっとたくさんいたのだろう。

だからこそ、〝恋多き神〟や〝色情〟〝浮気者〟といった見方をする書もあるが、考えてみれば別名の多さや妻子の多さは、明らかにオオクニが古代において、広い地域で活躍した証しと見るべきではなかろうか？

その場所へ飛行機で行くわけでも、汽車で行くのでもない時代だ。その地に入るまで長い時間を要し、さらにそこに在中する。正妻を引き連れて戦《いくさ》や日本各地の統合のために回るとは考えられない。王たるもの、普通ならその場の女性と結ばれることがあってもおかしくはない。

その地を出雲王国が支配することになったら、それまで支配していた王の娘をオオクニに嫁がせ、契りを交わすこともあるだろう。これはもっとも自然な考えだ。ぐっと絆《きずな》を深める最高の方法ではないか。彼女たちの住まいの地が、越後から北九州までに及ぶということは、古代出雲王国の精力（？）ならぬ勢力図といえそうだ。まさに妻の数、子供の数の多さは、出雲勢力の範囲の広大さを物語っているのである。

神職が御垣内で「そしてこちらが宗像の多紀理姫様です」と説明したとたん、思わず私は「宗像さんですか……」と叫んだ。そして急に思い出したのである。

ほんとは今日、宗像大社の神職と東京で私は会っていたはずだったということを……。

白山さんがバトンタッチした全国神社巡りのスタート

それは出雲行きの数日前のことだった。私は自宅の近所にある行きつけのレストラン「ルッコラ（RUCOLA）」のマスターから電話をもらった。近くにある神社本庁や神社関係の方も食事に出向く店だが、ちょうどこの日、彼の知り合いである宗像大社の権宮司が上京するので、私と引き合わせたいという旨の内容だったのである。しかし出雲行きが決まっていた私は残念ながら、「またの機会に」と伝えた。まさかここでつながってこようとは……。

今考えてみると、私には、神社へのいざないルートというものがあった。

最初は神棚のご神札どおりに石川県の白山比咩神社ばかり詣でていた。いや、詣でさせられていたという感覚のほうが強かった。何しろ必ず年に一度、多いときは年に2度も3度も、この近くに仕事が入り、そのたびに白山比咩神社だけは参拝を続けていたのだ。

それがその後、マスターとは無関係の友人から「是非行くように……」とすすめられたのが、宗像大社だったのである。

これもまたおかしな話なのだが、その友人はテレビ局の人間で、たまたまその日、仕事場で話をしていたら急に、（今思うと彼はきっとそれを伝えに来る役目だったのだと思うのだが）、「宗像に行ったことってある？」と訊いてきた。正直、私は恥ずかしながら宗像大社というものの存在さえ知らなかった。まだもちろんご朱印帳も始めていなかった時期だ。

「どこにある神社？」「福岡だよ」「行ったことない！」

「この間、九州で会議があって行ったとき、その福岡へ向かう飛行機の機内誌を何の気なしに読んでいたら、宗像大社のことが書いてあったの。たまたま会議で隣に座った大阪の局長と話してたら、今日早く着いたので宗像大社に行ってきたと言うんだ！　そして〝とてもいい神社ですよ！〟と言われた。翌日、飛行機まで時間があったので、〝じゃあ行ってみようかな?〟って思い、行って来たんだけれどすごかったよ。合田さんも行ってみたら?」

「九州でしょう? だって仕事ないもの……」

いやいや、考えればまさにこれが白山姫が「さあ、そろそろ全国の神様たちにご挨拶を始めてもよい時期が参りましたから……」とでもお告げをいただいたかのような、本格的な神社参拝への道が始まるスタート地点だったのである。

なんと翌日、急に福岡から仕事の依頼が入ってきたのである。

ここが神様が降臨した場所だ!

それは5月5日のこどもの日の童謡を中心とした番組の出演交渉だった。

ところが、あまりに急だったこともあり飛行機の便が取れないのである。5月、つまりゴールデン・ウィーク、連休中だったからである。

何とかマネージャーと二人分の飛行機の予約は取れたのだが、それは2日前の3日の夜の便だった。たまたま4日のスケジュールは空いていたので、仕方なくその便で飛ぶことにした。つまり4日は丸々福岡でオフになってしまったのである。

当然、私たちは、彼からすすめられた宗像大社まで車を走らせることにした。

宗像大社の本殿をお参りしてから、いざなわれるように看板に〝ここから7分〟と書かれた高宮《たかみや》と呼ばれる場所へと歩き出した。木々に覆《おお》われた小道を通り、「御神燈」と書かれた燈籠が石段に置かれている階段を登ってゆく。どんどんと氣がひとつに固まってゆくといえばいいだろうか、今まで体験したことがなかった氣の落ち着きを感じた。高宮祭場が見えてきた。

見た瞬間、体の中を何かが走った。思わず「わー」と私たちは声を発してしまった。その神秘性は今まで味わったことのないものだったからである。実は高宮こそ、宗像の神が降臨した場所だとされていたのだ。即座に〝やっぱり！〟と納得させるパワーがそこには満ち満ちているのだ。

後で聞くと、ここを教えてくれた彼が衝撃を受けたのもやはりこの場所だったのである。しかしそこは社も祠《ほこら》もあるわけではないのだ。樹木を〝よりしろ〟とし、木々の中に

ここが、神が降臨した場所と感じた宗像高宮斎場

ある石積み、〝ひもろぎ〟が神々しいパワーを発しているのだ。この地に社殿が建つ以前、ここそが祭祀を行なう場所だったのである。現在も毎月1日と15日には月次祭《つきなみさい》をはじめ、春秋の大祭でも本殿より先にここでお祭りが行なわれるという古代祭場だったのである。

ここの力は、自分の本領を発揮させることができる。自分を少し見失っていたり、焦っていたり、また本当にこれでいいのだろうか？　と思うときに援助のパワーを授けてくれる。

帰京後、この体験談をルッコラのマスターに話した。半年も経たないうちにまた福岡の仕事が入った。宗像大社をふたたび訪れようという計画を立てていた出発前日のことである。たまたまうちのマネージャーが、店に寄ったら、私宛に名刺を預かってきた。

「合田さんが来るときに渡そうと思ったんだけれど、このごろいらっしゃらないので……」と手渡された名刺には、「宗像大社　権宮司　○○○○」と書かれていた。

「えっ? なんで明日から行くこと知ってるの?」と私は驚き、マスターに電話をすると、マスターも「えっ?」と驚いた。

話によると、私が「宗像はすごい場所」と飲みながら話した数週間後に、マスターと知り合いの権宮司が上京してたまたま店を訪れた。そのときに私の話をしたらしい。すると「今度おいでのときは、寄ってください」と私宛てに名刺を置いて行ってくれたというのである。しかし、私はご無沙汰していたから、たまたま行ったマネージャーに「渡しておいて」とその日に名刺を預けたというわけだ。

翌日、宗像大社を詣でた。すでにご朱印帳の一冊目が終わりに近い頃だった。

社務所で伺うと、「おりますが……」という返事だったが、私は高宮祭場へと向かい、宗像大社の二神目が鎮座する大島へと船で渡ってみたかったため、その時間もあり持っていった土産だけ置いて社を後にした。結局、そのとき権宮司には会えないままだったのだ。その権宮司がまた上京し、やっと会えるはずだったのに、私は出雲に出向き、その御垣内で宗像の社を詣でていたわけである。その宗像さんのご神札が、実は先に書いた自宅の神棚に20年近く前から、金色の紙に包まれて入っていたのを知るのは、つい最近のことなのである。

この新刊の初稿があがった時点で権宮司にはまだお会いしていなかった。「きっと近々対面の機会に恵まれることだろう」と書いたが、なんとまたその翌日に神社本庁の友人から電話が入り、とうとう権宮司とルッコラで会えたのだ。ずっと会えなかった会いたい人に出会えた喜びはひとしおだった。きっと葦津権宮司との出会いは、これからの自分を変えてくれる気がしてならない。

出雲大社の祓社、素鵞社

ちょっと話は遠回りしたが神在月に招ばれた日の出雲の話に戻ろう。

出雲神の神社はどことなく人間臭いと言ったが、神々しさと同時に人としての生き方をここかしこに感じさせるのは、それがまさに〝大国〟オオクニの基盤を築いたからなのだろうか。

出雲大社は、こう呼ばれるようになる以前は、〝杵築〟の社と呼ばれた。〝きづき〟である。杵築イコール築きである。

出雲大社参拝で、絶対に忘れてはいけないことがある。大きな二の鳥居をくぐって、本殿へと進んでゆくのだが、右手に見えてくる小さな祓社《はらえのやしろ》で罪穢れをしっかりと祓ってから参道を進まなくてはならない。そして本殿でしっかりと二礼四拍手一礼してから拝むのである。さらに、その裏手にあるオオクニの祖神であり、アマテラスの弟神であるスサノオを祀る素鵞社《そがのやしろ》を忘れてはならない。

2014年3月までは遷宮でここを拝すことができなかったが、今はその独特の氣にふれることができるから是非参拝してほしい。

出雲大社の名前入りのご朱印帳は、一度境内から神楽殿の方向に出た場所の売店で購入できるので、もう一度境内に戻って御朱印を押していただこう。大きな注連縄の神楽殿では御祈禱も受け付けてくれるが、実はここも別にご朱印をいただけるからお忘れなく！

佐太神社の氣の中で見つめる神事

出雲の大神を拝んだ後、私が向かった先は松江市に建つ佐太《さだ》神社だった。ここは前回訪れたとき、鳥居をくぐってすぐにハッピーな気分になり「ありがとうございます。やっとお会いできました」と叫んでしまった神社である。

山に囲まれ豪壮な社が3つ並ぶ社殿。鳥居を入ると、山が眼前に迫り社が両手を広げて待っているという感覚に襲われた。この大社造の三殿並立建造物は、建築史上においても特筆すべきもので重要文化財に指定されているのだ。私はなぜかそのとき、御幌《みとばり》の後ろにいらっしゃる神様を見てみたい衝動にかられた。別段、仏像のような神像があるわけでもないはずなのに、その後ろにある何かを確かめたかったのだ。

すると祝詞を上げ始めたとたん、「見たいのなら、どうぞ見なさい」と言わんばかりに急に風が吹いて御幌がめくれ上がった。風でひらひらとか、一瞬風で上がったというのではない。祝詞の最中だけ、しっかりとめくれ上がりそのまま神殿の方の天井にくっつき、祝詞を終えて「ありがとうございます」と言った瞬間に、静かに御幌が下りたのだ。

そんな経験をさせていただいた神社への再訪である。前回は昼だったが、今回は夜である。その日、佐太神社は年に一度の大きなお祭りの日だったのである。

もう神在月の最終日に近かった。出雲大社に集まった神々は、自分の地に帰る前にこの神社にやってくるというのである。

神々の父、イザナギは妻のイザナミを亡くすが、その遺体は広島県と島根県の県境にある比婆《ひば》山に葬られたとされる。その神領が、のちにここに遷されたという。神々は出雲から各地に帰途に着く前に年に一度、母の墓参のため訪れるとされるのである。

神迎《かみむかえ》神事から本殿周囲には注連縄が張り巡らされる。神職が南口から入り礼拝後、佐太独特の四方拝を行ない、神々を殿内に迎え入れるのである。以後最後の神等去出《からさで》神事まで誰も注連縄の中に入ることはできない。

ちょうど私が訪れたのは、その神等去出神事の当日の11月25日だったのだ。偶然にもほどがある。包丁で青木柴の縄を切り、儀式が始まった。秘儀である。私たちはその様子を目の前で体験させていただいたのである。

ピシッとした神氣がそこら中を舞っているような独特な雰囲気を持つ夜の神社のたたずまいに酔いしれながら、いや、しびれながらその神事を見守る。

昼夜関係なく、ここの神社にあるのはおおらかな、母のようなやさしさなのである。だからこそお参りのときは、やさしい心でお願いをしてみよう。現在は遷宮中だが、大社造の壮大な社の姿は、やすらぎを感じさせてくれるのである。

その後、神職たちは行列を組んで神送りのため、神目山《かんのめ》へ向かっていった。まさかこんな珍しい光景を目にすることができるとは……と何度も手を合わせた。

実は前作を発売し、本を送付したときに、朝山宮司からわざわざお礼のお手紙を頂戴していた。当日は日本酒を神前にと持参したが、その後「当日は多忙（大切な祭り当日だから当然のこと）でお会いできなかった無礼をお許しください」という旨を綴った丁重なお手紙とともに、名物の宍道湖《しんじこ》のしじみが届けられ、こちらこそ恐縮してしまった。

文化遺産としてユネスコの無形文化遺産リストに登録されている佐陀《さだ》神能は、まだ拝見していないものの、いつかはその縁にも恵まれることだと信じている。その日に合わせて来訪するのもひとつの手だろう。きっとまた摩訶《まか》不思議なパワーをいただけること請け合いだ。そしてその夜遅く、翌日のコンサートのために私たちは〝さんべ荘〟へと向かったのである。

神々が出雲を去る神社 神魂神社、万九千神社

さんべ荘でコンサートを済ませ、その翌日は「安来節《やすぎぶし》」で有名な安来でコンサートがあった。そしてそのさらに翌日こそが、本当に出雲から全国へと神々が自分たちの神社に帰還する日、神在祭の最終日だったのである。

まさに神がかりなスケジュールだったわけである。これはもう、まるで仕組まれたようなスケジュールだったとしか言いようがない。最後の出立の場所、万九千《まくせ》神社（立虫《たちむし》神社）を詣でた日、それがコンサートが終わった翌日だったのだ。

八百万の神々は、朝山神社や出雲大社、佐太神社のほかにも寄る神社がある。そのひとつ、神魂《かもす》神社にまずは車を走らせた。ここは旧暦10月11日に神が訪れるとされる。社殿は実にいにしえを感じさせてくれる雰囲気を持つ。階段を上がってすぐ見えてくる社で、過去を清算することに心がけて拝むと、新たな力が自然と芽生えてくる。これぞ出立のパワーである。たとえば失恋したとき、受験や就職で思ったものと違う結果が出たときなど、

それはすべてはじめから決められていたことだと納得させてくれるのだ。後ろをふり向かずに歩いてゆける力を与えてくれるのである。

神魂神社を後に神立《かんだち》の神社、万九千神社へと向かった。万九千神社は『出雲國風土記』や『延喜式』に、神代社《かむしろ》（神代神社）として名が残る古い神社である。神々たちの神在祭ラストを引き受ける旅立ちの神社なのである。

こちらからは前著をお送りすると、神等去出祭《からさで》の日時をわざわざ知らせてくれた。まさか仕事の翌日にぶつかるとは思いも寄らなかった。前回伺ったときは、古い建物だったが今回訪れると新しい社殿になっていた。なんと111年ぶりに遷宮され、生まれ変わったという。そのすがすがしい新しい社殿に通され、私は神が立ってゆく神事を目の前で見せていただけることになった。

神事が開始される20分ほど前に、昇殿したときである。突然、「先生！」と、私に向かって声をかける青年に出会った。顔はよく知っているのだが、すぐさま誰なのかが符合しなかった。「取材で写真撮りに来たんですよ。先生もおいでになっていたのですか？　まさかここでお会いできるとは……」

取材と聞いたので、すぐさまどこかの雑誌社か新聞社かテレビの制作会社の人間かと思ったが、どうも思い出せない。神が出立する神社を報道しようと、NHKはじめ放送局や新聞社の人たちも集まっていたからだ。

「先生、宮司をご存知なのですか？」

奥様である錦田《にしきだ》権禰宜と電話で話しはしていたが、宮司とはまだ面識がなかった。すると彼は宮司を見つけて、「ご紹介しますよ」と連れて行ってくれた。そして「宮司、作家の合田先生ですよ。うちの店もよく使ってくださるんです」

そう聞いたとたん、「あっ！」と、それまでの〝？〟が吹き飛んだ。

そうである。彼は東京赤坂で出雲の食材を出して人気の飲食店、「がっしょ出雲」のマスターだったのである。私のお気に入りで、友人たちと集まる店である。その後、赤坂で再会したときも、この驚きの対面の話に花が咲いたが、まさかこんな場所で会えるとは……と、ただならぬ縁を感じた。

そんな彼は、この執筆さ中に、出雲大社で映画「縁～ENISHI～」の撮影とともに、本当に結婚式を挙げた。

さて彼と会った万九千神社の神等去出祭。早朝に宮司がひとりで社近くの斐伊《ひい》川の水辺へと向かって、神迎えにあたる龍神祭を始め、その秘儀によって神々は社へと入ってくるのである。この日は〝お忌入《いみいり》〟といわれ、それ以降は社の周辺での奏楽、歌舞、音曲一切が禁じられるのだ。神々のため、静粛と静浄を保つためである。神等去出祭がスタートした。

古式ゆかしい雅《みやび》で厳かな儀式である。数十分後に神職たちはそれまで見ることができた神社の戸を閉め出したのだ。そのとたん、参拝の人々が散り散りに神社を後にしていったのである。いわゆる祭りのような賑やかさはどこにもない。ただ、まるで神様だけを置き去りにするかのように、その場を足早に立ち去るのである。〝終わったのかな?〟と周囲を見回すと、昇殿していた人々もまた社から出てゆく。

ここからの時間は、神々が神議の締めくくりをするのだ。そして神たちの最後の酒宴ならぬ直会《なおらい》の時間へと移るのである。それを邪魔しないため、人々は帰り出したのだった。

その後に残ったのは、静寂だけだった。川の流れの音がかすかに聞こえるだけだった。

私たちも宮司夫妻に挨拶をしてこの場所を離れた。

翌《あ》くる日の早朝、それこそ万九千というほど多くの神は、ここから自分たちが鎮座する全国の神社へと旅立って行った。それは出雲神在祭の終わりを告げる合図でもあった。

出雲のパワー全開神社めぐり
熊野大社、須佐神社、日御碕神社、須賀神社

出雲には、ほかにもパワーが強い神社が多い。スサノオを祀る神社として熊野《くまの》大社、須《す》佐《さ》神社、日御碕《ひのみさき》神社、須我《すが》神社、八重垣《やえがき》神社などがありそれぞれ抜群のパワーを与えてくれる。

熊野大社は出雲国一宮でその神徳は出雲大社よりも高いともされる。ここの祭神、熊野大神はスサノオである。鳥居をくぐるとすぐに目に飛び込んでくる背後の熊野山の威力がただものではない。この旅で一年ぶりに詣でたが、ここでも、「どうぞご本殿をお参りください」と通され、わざわざご祈禱の祝詞を上げてくださった。

つまらぬことにつまずいたときや、くよくよ悩んでいるときに、「まあ見てなさい」と言わんばかりに違った角度からの方法や道しるべを教えてくれる、援助の手が差し伸べられる力量を持った私の大好きな神社のひとつである。

そのスサノオが最後の開拓でみたまを鎮《しず》めたとされ、終焉《しゅうえん》の場所ともされるのが須佐

神社である。ここのパワスポ度も超一流。スサノオの魂だろうか？　荒々しいのにやさしい素朴さに包まれてしまうのである。

これはスサノオを祀っている神社の共通点でもあるのだが、特にここは木にその力が宿っている。本殿裏の大杉は、はつらつとした元気を授けてくれるのだ。

迷いや悩みごとを持ちながらここを訪ねたはずなのに、〝どうしてここに来たんだろう？〟と思うほどに、参拝前と参拝後に違いを体感できる。ご朱印には近世の呼称であった須佐大宮と書いてくれる。

日御碕神社は下の宮「日沈宮《ひしずみのみや》」と上の宮「神の宮《かんのみや》」のふたつの社殿が建つ神社である。下がアマテラス、上の宮がスサノオを祀る。日沈宮が1000年前まであった経島《ふみしま》は、ここから見ることができるが神域で立ち入り禁止区域。年に一度の例大祭の日だけ、神職が船で渡ることができる。

鳥居をくぐるとまず見えてくるのは、アマテラスの下の宮なのだが、ここではそこに向かって会釈するだけで、右手にある階段を上ったスサノオの宮から先に詣でることが肝心。私もこのとき、アマテラスの宮に「ごめんなさい」と言ってから、まずはスサノオの宮への階段を上った。

ここではスサノオの猛々しくも人間味溢れるパワーを意識しながらお参りするのが大事なのだ。すると急に雪が舞い始めたのである。私はすぐに「あらあら、アマテラスさん妬《や》いてくださったのかな」と、笑みがこぼれてしまった。

その後にアマテラスさんに「ごめんなさい」と言いながら下の宮を拝んでいると、雪は止み太陽の光が急にさしてきた。アマテラスさんの人間臭さを体感したのは、このときがはじめてだった気がする。スサノオの人間味に、「どっこい！　私だって……」とその力を見せてくれたのかもしれない。

出雲の神社以外を参拝するときはほとんど晴れているのに、実は出雲を詣でるときは、前年に続いて今回もあまり天気に恵まれなかった。ほかではアマテラスさんが導いてくれているのだが、そういえばここは〝出る雲〟出雲なのである。アマテラスの威力さえ凌《しの》ぐパワーがあるのかも？　しかしその日は、雪のあとは最後まで日が照り、太陽が海に沈むまでの素晴らしい光景を日御碕灯台から見つめることができ感謝した。

雪といえば、須我神社の奥宮を詣でたときは、雪が降りしきっていた。八雲《やくも》山の山腹にある神社だが、そこにはそそり立つ大きな岩があり古代の祭祀跡を感じさせるパワーが充満している。そこで真剣に拝むことで、勉学、とくに文学や文章力を与えてくれる。ここ

須我神社奥宮　夫婦岩が大きいので、祈る筆者が小さく見える

もスサノオの雄々しさを感じさせるのだが、ここ奥宮から2キロほど下山したところに須我神社の本宮がある。

スサノオと櫛名田比売《くしなだひめ》（クシナダ姫）の新居が建てられた場所とされ、そのため新婚旅行や恋人同士で訪れることにより、幸せな生活が約束される。ただし結婚前の二人がここを訪れたあとにすぐ破局するという話がある。これは結果的に別れるような運命にある、幸せになれない二人ということを神がすぐにキャッチしてくれるからである。

「本当にこの人と付き合っていて大丈夫なのかしら？」なんて思っている女性は、デート先としてここを訪ねてみたら？

大丈夫だったら、すぐにゴールイン。ダメ

ならすぐに別れ話が舞い込むはずだ。恋の成就の相手が違うことを知らしめてくれるのだ。

これから恋人探し、または意中の人がいるがどうしても打ち明けられないといった人にも力が授けられる。男性の場合は恋愛だけではなく、仕事での出世運も強まる神社である。しかしその力を十二分に与えられたいのなら、奥宮をパスしてはいけないのだ。女性であれば夏場に行くほうがいい場所ではあるが……。

恋の成就の定番、八重垣神社の参り方

恋の成就の定番神社となれば、八重垣神社も忘れてはならない。

〽早く出雲の八重垣様に　縁の結びが願いたい……と出雲の民謡に歌われるほど、古くから、そのご神徳は知られていたようである。ここはおなじみの神話「ヤマタノオロチ」で、スサノオがクシナダ姫をこの場に隠して助けたといわれる情愛の社である。

八重垣神社鏡池。５円玉を乗せて水に浮かべると字が浮かび上がる

　この拝殿から奥の佐久佐女《さくさめ》の森に進むと、クシナダ姫が隠れていた日々、水で自分の顔を映していたと伝承される鏡の池がある。ここに半紙を浮かべて恋を占うというのが、女の子たちのハートを掴《つか》んでいる人気スポットである。それなのになぜか、それを実行することだけに夢中になって、実際はやらなければならないことをやっていない女性が多すぎ！　これでは神様、良縁など授けちゃくれませんよ。

　ここは、ただの占いの場ではないのである。神社であることを忘れないでほしい。はやる心を抑えて、まずは鳥居の一揖、手水はもちろん、何といっても本殿にお参りすることが先である。ここでしっかりと良縁祈願をしなくては、半紙の意味はない。

しっかりとお願いしてから、社務所で半紙を購入して池へと歩を進めよう。池までの間にある社も無視している人も多い。必ずそれぞれに賽銭を投げ入れ、手を合わせて少しずつ氣を充満させてゆくことに心がけよう。

さらに池の上側に建つ伊勢社や天鏡神社などもしっかり拝まなくてはならない。

特に天鏡神社は字の如く〝鏡池〟を守っているから、先にしっかりとお参りしてから、池に半紙を浮かべるのだ。ここの池からは古墳時代後期の須恵器の甕《かめ》や杯《さかずき》なども発見されている。古代からここで祭祀が行なわれていたことの証しである。

そんな力の強い場所であることを忘れないでほしい。お遊びではないという真剣な心が必要になってくるのだ。

半紙の上に10円玉か100円玉を乗せて浮かばせるようにと書かれているが、10円は十円(とおえん＝遠縁)となるから、やめておくこと！　ご縁があるように5円玉が最適なのである。

一度頭を下げてから、池に半紙を浮かべる。浮かべてから一生懸命、頭《こうべ》をたれて手を合わせている人も多いが、これは本質的には間違い。先にしっかりとお宮で拝んでいるのだから、ここでは半紙に浮かんでくる言葉と吉方角をしっかりと池の底に沈むまで見守るのである。沈み出したら「やった〜」とそのまま、最後まで見届けていない人もいるが、これもナンセンス。池の底に自分の半紙が沈んだら、頭を下げてからそこを立ち去るのである。さらにそのあと、結果がどうであれ訪れたいのが宝物殿である。

拝観料200円を納めるとそこには1100年以上も前に描かれた神像の絵が色鮮やかに残されている。スサノオなど平安時代に描かれた6つの神像壁画を拝観すると、心のゆとり、美しさが倍増し気持ちが癒《いや》されてゆく。これは元々、本殿の板壁画だったものをしっかりと保存するため、50年ほど前に宝物殿に移された。

この神社全体から醸《かも》し出されるのは、悠久の太古から息づく鼓動である。その重厚な力で新しい人生の門出を祝してもらわなくてはならない。周囲にはブームやゲーム感覚の氣を持って参拝している人が多い分、邪氣に当てられることにもなるから、順序正しくマナーを守って真剣に拝そう。

この手のパワスポと呼ばれてブームになっている神社は、いろんな人が往来《ゆきき》するので祓いの必要性が高くなるのだ。これは伊勢神宮や出雲大社でも同じことである。明治神宮などもそういうことになる。物見遊山で訪れる人が多い神社は、人気が高くそれだけご神徳も高いだけに、しっかりとした作法で臨むのが一番である。

熊野三山に導かれるために大麻比古神社、土佐神社

考えも及ばなかった旧暦で様々な体験を重ねた出雲に対し、伊勢の参宮も旧暦に驚かされた。

伊勢神宮を遷宮前の2013年5月25日に訪れてから、遷宮後にもこれまで3度訪れる機会に恵まれた。2014年の1月には2度も導かれた。1度目のときは、どうしても一度お参りしたかった和歌山県の熊野三山の大社に、伊勢に参拝後、足を運びたいと考え、予定に入れた。伊勢神宮から伊勢路のコースで熊野へ回ろうとしたのである。

私はこの2年ほどでほとんどの有名神社を参拝することができた。伊勢のように数年前に訪れたときには、鹿に遭遇しておきながらも何も感じなかった場所が、今では何度も足しげく通うようになっている。しかし熊野だけは、〝行きたくて仕方がないのに行けない〟

神社だった。

和歌山出身の歌手の友人のひとりが、前作を読んでくれたときの感想も「どうして熊野が入っていないのか？」だったし、そこを訪れた人からも「すばらしい場所なのに」と聞かされていた。だが、行けない場所なのだ。いや全国に広がる、熊野神社の名を持つ神社には、何度かお参りできているのだが、肝心の謎と神秘に満ちた和歌山県、三重県にまたがる熊野の本宮からはお招びがかからないということなのである。

それがとうとうそのチャンスが巡ってきたわけである。ところが、やはり今回もその日に限って、後から急にスケジュールが入ってきて、お伊勢様を詣でてすぐに東京へとんぼ返りすることになってしまった。先日にはとうとうその場所、熊野から講演の問い合わせが入ったにもかかわらず、すでにその日に限って東京で別のスケジュールが決定していた。断念！　やっぱり、そうなのか……。

私は〝熊野さんにはまだ行けない〟ことに何となく勘づいていたのである。

実は前作の『神社の謎』発売翌日に私は徳島県にいた。神話「国生み」における日本最初に生まれた淡路島は鳴門《なると》自動車道を使えば30分ほどの場所だったのだが、そちらには向かわず弘法大師《こうぼうだいし》・空海《くうかい》が歩いた古寺、四国八十八箇所巡りをスタートさせたのである。俗にいう〃お遍路さんの旅〃である。それも車で回るお四国巡りを計画したのである。

そのときの講演先が第一番札所、霊山寺《りょうぜんじ》に近かったせいもあった。一番札所へと向かう。その途中、目に入ってきたのは大麻比古《おおあさひこ》神社への案内看板だった。〃仏さん〃の修行前だが、やはりここは無視するわけにはいかない、大麻比古神社へと車を走らせた。

大麻比古大神《おおあさひこのおおかみ》（オオアサヒコ）とサルタヒコを祀る阿波国《あわのくに》一宮は、徳島阿波と淡路の守護神社とされていた。それも初代天皇の神武天皇の時代に創始されたという古社である。

オオアサヒコとはアマテラスを岩戸から出すときに鏡を見せたり、ニニギとともに天孫降臨したといわれる天太玉命《あめのふとだまのみこと》（フトダマ）のこと。その神力は、何か新しいものをスタートさせるときに勇気を授けてくれるのと同時に〃やり遂げる〃〃結果を出す〃というパワーを与えてくれる。たとえば新しい論文、新しい発見、新しい技術などを生み出したとしよう。そのとき、どこに持っていけばそれは採用されるのか？　成功するのか？　といった道を切り開いて大成させてくれるのである。そこに導きの神、サルタヒコが加わるのだ。こうなれば今後の生きる道すべてに光をいただいたことにもなる。それは今回の〃仏さん〃のお四国巡りも、私にとって新たな発見であり、お導きだということになるのではないのか？　まさにぴったりの神社に詣でてからの一番札所だったわけである。

境内に入ってすぐの場所に立つ楠《くすのき》の木から降り注がれる勇気と導きの力のパワスポ度は抜群である。そういえば父方の曾祖母は、徳島の出身だ。曾祖父は香川の出だ。その合田家に嫁に来た祖母は、四国の出ではなかったが曾祖父母の影響か、実に弘法大師信仰の厚い人だった。アマテラスやオオクニに心惹かれるように、『神社の謎』発売翌日のタイミングで、私は弘法大師の歩いた苦難の道を歩み始めていたのである。

スケジュールの都合で、各県ごとに回り終えてゆく一国参りで四国四県をここからスタートさせ、このときは徳島県最後の23番札所、薬王寺《やくおうじ》までを回って帰京した。それから4ヶ月後には高知の仕事があり24番札所、最御崎寺《ほつみさきじ》から39番の延光寺《えんこうじ》までを回った。

特に第30番札所の善楽寺《ぜんらくじ》は、元々土佐一宮神社の別当寺として建立されたものである。今も寺の横に土佐神社が建つ。もちろん鳥居をくぐったが、ここもまた境内に入っただけで違う何かを感じさせる神社だった。

本殿でお参りをした後は、参拝順路に従って、社殿の東側から裏手の遊歩道へと向かおう。木々からはマイナスイオンが新鮮で爽やかな空氣を放っている。謎の巨石、礫石《つぶていし》からも十分なパワーが発せられているのがよく分かる。

ご神木だった杉の木をくりぬいて祀られた、木の輪を抜けることで心身を清める〝輪抜〟は、左・右・左の順で抜けると何事にも負けないたくましさを受けることができるとされる。

神徳がいくつもギュッと詰まった神社だが、特に高貴な光を灯しているのが、本殿の右奥に鎮座している神明宮である。ここは元々、伊勢神宮の遥拝所だった。アマテラス、トヨウケの伊勢の二神が祀られ、その崇高さはいにしえより、伊勢参拝と同等の力を持つとまで言われてきただけのことはある。その日は雨模様だったが、ここを参っているうちにやはり一気に晴れ上がり、アマテラスパワーを存分に見せつけてくれたのである。お参りすることで、「神だ！　仏だ！」と言っていられないと思った。信心こそが大切なんだ！と改めて感じさせてくれたのだ。

そういえばお寺の山門での一礼は神社の鳥居の一揖に通じ、読経《どきょう》は祝詞に通じているのではないか。手を叩く神への柏手はないものの、一心に手を合わす心は同じだ。さらにお寺の納経《のうきょう》と神社のご朱印も相通じるものがあるのだ。そしてお賽銭の上げ方なども、基本的にはあまり変わらない。やはり私は10円は入れない。

明治の神仏分離令が出るまで神社とお寺は同化していたのだ。神仏混淆の時代が非常に長かったことを改めて考えながら、私は寺々を進んだ。

ゆるぎない人生、努力の開花を導く神仏混淆の香り 日光東照宮

お四国巡りの八十八寺参りがすべて終わった後は、真言宗《しんごん》の総本山、高野山《こうやさん》へ詣でることになる。そこで何かが合致した。高野山は四国にあるわけではない。そうである、和歌山なのだ。世界遺産登録は「紀伊山地の霊場と参詣道」。高野山も熊野三山もそしてそこに至る熊野古道も登録対象だ。

そのとき、〝もしかしたら八十八箇所めぐりをすませない限り、私は熊野さんに導かれないのではないか？〟と、感じたのである。

そんなことから、今回も熊野には行けなかった。伊勢から熊野へ入ろうと計画していたのに、スケジュールが入って東京にとんぼ返りしなくてはならなかった理由を自分自身で分析したわけである。

伊勢から名古屋へ戻り新幹線で東京に着いたのは、その日の夜の9時ぐらいだったろうか？　それから会社の車で次の仕事場である、栃木に入った。

ところがその宿泊先の近くにあったのが日光東照宮、そして二荒山《ふたらさん》神社だったのである。ここもまた熊野同様、ユネスコ世界遺産の登録地である。さらに神仏混淆を絵に描いたような場所なのである。東照宮の中にある本地堂《ほんじどう》の天井に描かれる「鳴龍《なきりゅう》」は有名だが、ここは本地仏薬師如来を安置したお堂なのである。

神社の中に仏を祀るお堂の多くは、明治初期に姿を消したが、ここはそのままそれ以前の神社の構成を示す貴重な遺構なのだ。古代から山岳信仰の霊場として知られるが、日光は二荒山《ふたらさん》の「二荒」を「にこう」と読み当てたからだといわれている。さらにそう呼んだのが、なんと弘法大師空海だと伝わっていると聞いたものだから、縁を感じずにはいられなくなった。

つまり、行きたくて仕方がなかった熊野ではあったものの、仕事が入って導かれた場所が、空海ゆかりの日光だったのだ。まるで熊野の神仏習合の氣に触れる前に日光でその力を見せられたと思わずにはいられない。

東照宮は徳川家康を祀った社である。死してもなお日本国の平和と安泰を願い、神となった家康だが、その豪華絢爛《けんらん》な世界は訪れる人の度肝を抜く。

最近、私はニニギにしてもオオクニにしても神話に書かれた神々は、その時代に活躍し

日光東照宮の三猿　見ざる言わざる聞かざる

た人物が功績によって神に崇められていった結果ではないのかと考えるようになっている。その点では家康公も同じなのだ。人気のヒーローが神となったのである。

神橋《しんきょう》、石鳥居、五重塔、仁王門と見せ場たっぷり。「見ざる言わざる聞かざる」の三猿の彫刻が有名な神馬をつなぐ馬小屋を通りすぎると、高さ9メートルの青銅製の第二の鳥居が見えてきた。ここから発せられるパワーがまた強力なのである。

ゆるぎない人生、変わることのない幸せ、物事の成就や努力の開花などの結果を与えてくれるが、鳥居の前に立つとその奥に陽明《ようめい》門、唐《から》門、拝殿がすっぽりと鳥居の中に納まって見える箇所があった。その奥の本殿の上には北極星が光っている。このスポットを見つけることにより、今後の人生が変わってくる。

ほとんどの人はそこを見落として、そのまま鳥居の中に足を踏み入れてしまうのだが、しっかりとその箇所を見定めておく必要がある。そして雅やかな陽明門、回廊、唐門から本社拝殿へと進むのである。

拝殿ではしっかりと着座し心を落ち着かせてから、深々と二礼、より大きな音で柏手を打つこと。そしてまずは大望を唱えるのだ。大志といってもよい。生涯に対して、最終的にこうあってほしいというような願いを唱えるのである。

「恋人がほしい」とか「大学に合格しますように」などではなく、「健康で幸せな一生を送ることができますように」「一生、仲睦まじく生きてゆける生涯の伴侶《はんりょ》との出会いがありますように」といった大きなくくりがいいのだ。

今がよくても後々に影響があっては元も子もない。最終目標に焦点を絞るのである。ただし仕事の成功や病気快癒などは、しっかりと拝むことで聞き届けられる。それには必ず訪ねなくてはならない場所がある。奥宮への参拝なのである。その前にここで日光東照宮のご朱印をいただいてしまおう。実は奥宮でも奥宮のご朱印を別にいただけるからであ

眠り猫の裏側にはスズメが彫られている

る。

　奥宮へ通じる入口には、これまたおなじみの「眠り猫」の彫刻が鎮座している。よくそれを目にしよう。ちょうどその真後ろには「雀」が彫られている。雀にとって猫は天敵だ。これは〝ちょっと目を離したすきに〟とか〝ちょっと怠けているうちに〟状況が逆転するという意味でもある。人には仕事にも恋にもライバルがいるものだ。足を引っ張る意地悪な人種の出現もあろう。それらを上手に躱《かわ》してゆく力こそが、ここを通るときに備わるのである。ただしこれは全員には叶わない。

　まずしっかりと「猫」を見た後に裏側の「雀」を見据え、瞼に焼き付けることが肝要なのだ。

ライバルと目される人が出現した場合、相手が邪悪であれば、こちらにいい結果を与えてくれる。ところが反対に逆恨みやライバルを蹴落とすための心だけ持っていると、力が強い分だけに反転してしまう。つまりあなたがライバルに負けてしまう結果を招くから注意したい。〝あの人さえいなければ〟〝あの人の足を引っ張ってやりたい〟などと思っているようでは、自分の足元が危うくなるということだ。

そこを通り過ぎてから、一枚石でできた200段の踏石階段を登ると、銅の鳥居がある。ここでも一揖し、家康公の霊廟《れいびょう》、つまりお墓へと入ってゆく。ここが奥宮なのである。拝殿の前には大麻（＝大幣）が置かれている。それを使って、自らを祓い清めてから拝するのだ。

ここらで自己祓いの方法を。

自己祓いの仕方を覚える

奈良の大神《おおみわ》神社、京都の春日大社や淡路島の伊弉諾《いざなぎ》神宮、石川の白山比咩神社、宮崎の青島《あおしま》神社はじめ、神社によっては自己祓いができるように大麻が用意されている神社があることは、先にも述べた。その場合は見落とさずに、しっかりと自らを祓い清めてからお参りしなくてはならない。

では自己祓いはどのような手順で？

よくお祓いを悪魔祓いや悪霊を祓っていると勘違いしている人が多いが、実際は知らず識らずのうちに付いた穢《けが》れを祓うわけだ。汚いものを触ったという意味でもない。トイレのあとで手を洗わなかった……っていうことでもない。

穢《けが》れとは〝氣枯《けが》れ〟なのである。氣、つまりパワーや力が衰えている状態をさすのだ。お腹が空いていてもパワーは落ちるし、ライバルが自分に向かって心の中で〝あいつめ！〟と思われるだけで氣というものはおとなしくなり枯れるのだ。〝自分のことを悪く思われてる〟と思うだけでも衰えていくものなのだ。

自己祓いをして心身ともに清めよう

信号無視してしまったり、ちょっとテストのときに隣りの席の人の答案用紙を何気なく見てしまったり、本屋で立ち読みしちゃったり、悪気なしに言葉で人を傷つけちゃったり……。そんなことは誰にでもある。それらも含めて穢れ、氣枯れというのである。

だから神様の前ぐらいは、お祓いしてからお願いごとをしようではないか……ということなのである。信心深いと言われている人が、裏では悪口を言っていたり暴力（これは言葉の暴力もある）を振るったりしていては問題外なのだ。だが、人間はそう上手に自分自身をコントロールできない。虫の居所が悪いときだってある。具合が悪いときだってあるのだ。そんなときにはせめて、自分の穢れをなくしてから手を合わせようじゃないか。そんな意味なのである。

大麻があるときは、まず一礼してからそれを両手で持ちあげる。そしてまず左肩をゆっくりと撫でるように一度、次に右肩を一度、さらにもう一度左肩の順番で祓うのである。そのとき「祓《はら》え給《たま》え清《きよ》め給《たま》え幸《さきわ》え給《たま》え」と言葉に出して願うように唱える。そして一礼をしてから静かに元の場所に置くのである。

家康の墓とされる奥宮「かごめかごめ」をひもとく鍵

自己祓いのあとに、東照宮奥宮の黒漆塗りの拝殿に向かってお願いし、さらに奥の銅の宝塔へと進む。家康の亡骸《なきがら》がその下の棺に納められているといわれるこの場所は、五代将軍、〝生類憐れみの令〟の綱吉《つなよし》公によって作られたものだが、建立以来一度も開けられたことがない。

塔の前には亀《かめ》に乗った鶴《つる》の青銅がある。長寿の証しの鶴亀が一体化されているのだ。

この宝塔に家康の亡骸が納められているという（東照宮奥宮）

前回ここを詣で鶴亀を見たとき、すぐ私の著書『童謡の謎』のことを思い出した。

〽つるとかめがすべった……の「かごめかごめ」の歌の不思議な意味は、ここにヒントが隠されているのではないか？

今まで〝すべった〟は、滑る、または通り抜けるという意味で解釈していたが、〝すべる〟とは〝統べる〟つまり〝統一する〟という意味だったのではないか。〝鶴は千年、亀は万年〟という。つまりこれは徳川の世の未《み》来永劫《らいえいごう》を歌った歌なのではないだろうか。

全国を統一した徳川家康公は、亡くなっても神としていつも見ているぞ！

天下泰平を見守っているぞ！　とも考えられるが、凝視している、監視しているともと

宝塔の前には亀の背に立つ鶴の青銅

れる。本殿の上には北極星が光る。さらにそこから南の方向には、まるで計算されたかのように江戸城が位置しているのだ。
〈後ろの正面　だあれ……〉。
後ろを見ても前を見ても徳川に挟《はさ》まれているのだ。戦国武士たちの血がまだ濃い時代、墓に向かって徳川から新しき天下人のバトンタッチを目論んだ武士はいたはずだ。さすれば、墓に向かっている人から見て、後ろの正面にいるのは家康なのだ。振り向けば徳川の城なのだ。これは戦国時代を終わらせ、王政復古までの260年以上も続けた徳川家の栄華、平和への強い思いと睨《にら》みを利かせる何ものも敵わない強力なパワーを歌った歌だったのだ。

ここの神社が持つ独特な引き寄せる力は、霊力と緻密《ちみつ》に計算されたライン上に建てられた蠢《うごめ》く科学的にも説明できない力なのである。真剣に拝むことで天下が取れる、永遠の力を持つことができるのだ。

それは同時に同じ敷地といっていい隣り合わせの場所に、日光二荒山神社が位置していることが重要なのである。いやいや、実はしっかりとここまで東照宮でお参りしたとしても、隣接の日光二荒山神社へ足を運ばないと、元の木阿弥《もくあみ》なのである。

元の木阿弥？　いったんよくなったものが、再び元の悪い状態に戻ってしまうことだ。いやそれどころではない。ここ二荒山神社をスルーしてしまうとバチが当たる！　とまでされるのだ。

だから東照宮の力を十分に発揮させるためには、東照宮が建つ以前からすでに鎮座している二荒山神社へしっかり詣でる必要があるのだ。

華厳の滝もいろは坂も日光二荒山神社のもの

考えてみれば、大御所と尊ばれた家康が最期の際《きわ》に、一周忌後には〝日光の山に小さくともお堂を建てて祀るように〟と遺言を残したほどの場所である。どれだけのパワーがあるかは知れたところだ。

翌年には素朴なお堂が建てられたが、家康没後20年の寛永13（1636）年になって、孫にあたる三代将軍の家光《いえみつ》公が現在のような華美な東照宮を造営したのである。それ以来、隣接の二荒山神社もその威光を後世まで伝えることになる。

東照宮から西へ歩いてゆくと、すぐに二荒山神社の楼門が見えてくる。ここもまた仏教様式を取り入れた神社である。この神社は古くから修験道の霊場だった。ここは二荒山と呼んでいた男体山《なんたいさん》がご神体山なのである。

そこに神霊を感じて祠を建てたのが僧・勝道《しょうどう》。それが神社の興《おこ》りだ。2度の山頂登拝に失敗しやっとの思いで頂上にたどり着き、二荒山大神を祀ったのが奈良時代の天応2

（782）年3月だったことを空海が記録に残している聖地だ。だからこそ観光気分で東照宮だけ詣で、隣接している日光二荒山神社をお参りしないで帰るといけないのである。

ここの本殿は元和《げんな》5（1619）年に建てられ、創建当時そのままの姿を保つ。ここは難関突破の力を与えてくれる。人生行路においての悩み、大きなピンチが訪れたときには、先々歩く方向を決めてくれるのである。

ご神木の夫婦杉、親子杉に手を合わせると、既婚者は今後の人生の健康と幸せを、未婚者は人生を共にするパートナーとの出会いが叶う。

だがこの神域は同じパートナーでも仕事を一緒に成功させる、これは異性同性関係なしに人生を歩むようになる人を成長させたり、または出現させる力も持っている。

2014年前期の朝のNHK連続テレビ小説、ドラマ「花子とアン」の中に出てきて注目された、生涯の友を表す〝腹心《ふくしん》の友〟を作る力を発している。

本宮から向かって左手には、神苑と称される場所がある。そこに入ることをおすすめしよう。本宮を横から拝むことができるので、まずはそこでもう一度しっかりとお願いし、苑の中に建つ社殿をひとつひとつ拝むのである。

ここにそれこそ末社の朋友《みとも》神社があるが、ここに祀られているのは少彦名命《すくなひこなのみこと》（スクナビコナ）である。スクナビコナは知恵の神とされ大己貴神《おおなむちのかみ》（オオナムチ）、つまりオオクニの朋友である。オオクニの大仕事を助けた、まさに究極のパートナーなのだ。

そして苑内には大国殿《だいこくでん》、まさにオオクニを祀る社がある。ここの中には招き猫のようなポーズを取る〝招き大国〟があるが、その前に置かれてある打出の小槌《こづち》を振りながら、お願いごとができる。打出の小槌は〝どんなことでも願いが叶う〟力があるというから、お試しあれ！

さらに二荒霊泉。これは眼病に効果を示す「薬師霊泉」と、名酒ができる「酒の泉」が集まる泉で、知恵が授かり若返るとされる。わざわざ水だけを汲みに来る人がいるほどの名水なのだ。だがなぜに関東の山中にある日光に出雲の神が祀られているのか？

日光なのだから、日の光のアマテラスというのなら、まだ理解もできるが、日光に出る雲とは？

日光三山は男体山、女峯山《にょほう》、太郎山《たろう》からなるが、ここに祀られている二荒山大神、男体山の主神がオオナムチ、つまりオオクニなのである。さらに女峯山にはオオクニの妃、タゴリ姫、太郎山には二人の子である味耜高彦根命《あじすきたかひこねのみこと》（タカヒコネ）が祀られている。この山神の総称こそ二荒山大神だ。

男体山山頂には二荒山大神の像が立つ。二荒山神社はここを本宮として、山頂の奥宮、中禅寺《ちゅうぜんじ》湖畔に建つ中宮祠《ちゅうぐうし》とから成る。中宮祠本殿右奥の鳥居が奥宮への登拝門、つまり登山道入口である。つまり関東一円を見下ろしながら守っているのは建国の神と称されるオオクニだったのである。

男体山ほか日光三山はじめ、日光連山8峰も、おなじみ華厳《けごん》の滝も中禅寺湖も実はすべて日光二荒山神社の境内地にあり、いろは坂は男体山への参道なのである。その広さは3400ヘクタールにも及ぶ。

いろは坂を登って、中宮祠へお参りすることも忘れないようにしたい。もしも山頂へ行く時間と体力に自信がなければ、また登山が許される時期でなければその登拝門に向かって、難関突破、人生のパートナーとの出会いなど諸願成就を願おう。

ここの社務所では中宮祠だけではなく、奥宮のご朱印もいただける。さらに男体山、温泉神社、七福神のご朱印もある。いやいや先ほどの本宮社務所でも、本宮はもちろんのこと苑内の大国殿や朋友神社など7つのご朱印を書いていただけるのである。

そこにプラス！　ここはご朱印帳もおすすめしておきたい。

普通、ご朱印帳の表紙はほとんど厚紙に刺繍されているもの。しかしここはなんと木製なのだ。木のいい匂いがただよってくる。私はその前のご朱印帳が、そろそろ終わりに近づいていたので本宮で購入して、その1ページ目から書いていただいた。ここ中宮祠でも木製ご朱印帳は購入可能。

この木製ご朱印帳のおかげで他の神社の神職さんとお近づきになるお話はまた後ほど！

もうひとつの同名神社は平和の氣
宇都宮二荒山神社

もうひとつの二荒山神社は同じく栃木県の宇都宮《うつのみや》市にある。いやこちらは〝ふたらさん神社〟とは読まない。〝ふたあらやま神社〟なのである。ここもやはり大物主命《おおものぬしのみこと》（オオモノヌシ）ことオオクニが祀られているが、家康が関ヶ原《せきはら》合戦の戦勝祈願に訪れ、慶長10（1605）年に社殿改築を寄進している。

さらに『平家物語』に描かれる那須与一《なすのよいち》は、この近辺の出身だという。確かに那須《なす》高原、那須温泉も近い。前著で紹介した後、すぐに国の重要文化財に指定された那須神社も大田原《おおたわら》市にある。

　那須出身の与一といえば、遠くの船にかざされた扇の的を射るシーンがおなじみだが、そのとき与一は「……我が国の神明、日光の権現、宇都宮……」と祈ったとある。

　そんなことから、二荒山神社自体のご本家争いが生じているらしいが、私は仕事の帰りにこちらもお参りした。つまり日光二荒山神社のご朱印の次には、宇都宮の二荒山神社のご朱印が記されているわけだ。

　こちらは宇都宮市街、都会の中に建つ神社という印象。大鳥居は繁華街のビルの谷間にあるが、拝殿本殿は階段を登りきった小高い丘の上の木々に囲まれた神聖な場所に位置する。ここにはおおらかさとやさしさ、癒しの氣がある。

　日光が修行、難関を突破するための努力、つまり苦行をイメージするのに対し、こちらは安穏、平和の氣なのである。同じオオクニが祀られているのに、全く違ったにおいを感じさせるのはなぜなのか？

　実はオオクニは、その神社によっていろいろな名前で祀られている。いや、ほかの神であってもそういった例は多いのだが、オオクニほど名前の数が多い神様はいない。確かにここの神社での名前はオオモノヌシとなっているではないか。

神に、荒魂《あらみたま》と和魂《にぎみたま》という2つの魂があることは先にも述べたが、荒魂は荒々しく天変地異を起こしたり、病いを流行《はや》らせたりし、それが祟りとして表れる。一方、和魂は日光や雨の恵み、幸せなやさしさや平和を表現した側面である。

オオモノヌシはまさにオオクニの和魂の状態なのである。だからこそこんなにも、やさしさを感じさせるのだ。和魂はさらに幸魂《さきみたま》と奇魂《くしみたま》に分けられ、幸魂は努力の後に収穫をもたらすことで生まれる。反対に奇魂は奇跡によって幸を分け与えるのである。

ちなみに日光のオオナムチは幸魂なのである。まさに修行によって最終的には幸が授けられるという神なのである。その違いは、みごとに鳥居に入っただけで判明する。

だから宇都宮の二荒山神社では、争いをさけることによって幸福が存続する、〝人生いつまでも幸せでありますように……〟という願いが聞き入れられる場所だ。

ここを訪ねたときは、本殿をお参りしてからまた鳥居に戻って、一度外に出て階段の途中の左右に祀られている末社をひとつずつ回りたい。ここには学問の神、菅原神社、武道の神、剣宮などが立ち並ぶ。その中で特に生命の源である水を司る罔象女大神《みつはのめのおおかみ》（ミツハノメ）が祀られる水神社の力が強い。

幸福の存続のためには生活の基盤が必要で、特に水の力は大切である。芸能や飲食業、アルバイトなどをしている人たちにもオススメ！

美人になる清水社にも
熱田神宮

日光と宇都宮の二荒山神社を参り、同じ1月中に2回目の伊勢神宮に参拝の機会を得たが、私は前年の5月に始まり10月、そして1月とお伊勢参りをしていたからか、〝今度は新年を迎えてから、〝おかげ年〟の運気でお参りしたいのになあ……〟と内心思っていた。新暦では1月なのだが、旧暦新年は春分の日近辺だから2月4日すぎにお参りしたいと思っていたのである。しかし今回の行程は1月の終わりだった。

仕事の前日に名古屋入りした私たちは、まず熱田神宮へと足を運んだ。

三種の神器のひとつ、草薙神剣《くさなぎのみつるぎ》をヤマトタケルがここに鎮座したまま亡くなったため、そのまま熱田の地に奉られ、それが熱田神宮の起源となった。今回はお正月には一般公開されるが、この時期には中に入ることはできなかったにもかかわらず、またもや御垣内参拝が叶ったのだ。

ここも御垣内に入ると全く異なるエネルギーにつつまれることができる。ここの氣は、神剣の力で成り立っている。ごたついている問題、遅々《ちち》として進まない事柄などをバサッと切り捨て、前進させてくれる力なのである。

人に迷いはつきものだ。悩んでいるとき、〝これで大丈夫なのかな？〟とちょっと自分でも自信がないとき、それを見抜くかのように「このままでうまくいくのか？」とつけこんで意見する人がよくいる。ちょっと高望みの好きな人に告白してみようかな？　などと思っているとき、「どうせ無理だよ。やめておきなよ」などという人がいるものだ。

言ってくれている人が正しく緻密な考えから意見しているときなどは、その一言が解決の糸口となり、とたんにそれまでの考えを捨て去ることができる。だが〝余計なお世話〟とか〝どうしてそんなことを言うのだろう？〟というような人からの忠告の場合は、この神力がスパッと切り落としてくれるのだ。ただそれにもかかわらず、まだ言われ続ける場合は言ってくれている人のほうが正しかったりするから、そのときには素直に耳を傾けるべきだ。

そんなときここに拝すると、〝どうしてそんな馬鹿げたことを思っていたのだろう？〟

という答えがすぐに飛び出してくる。これぞ〝困ったときの神頼み〟がよく効く神社なのである。

ただしその悩みごとは、よくよく考えてから参ること。〝あまり大したものではない！〟と思う場合はこの拝み方をすすめない。この〝困ったときの神頼み〟は、いざというときに使うべきだからである。

御垣内を案内してくれた佐藤権禰宜に、「剣は本当にあるのですか？」と訊ねると、「どうでしょうか？　あるともないとも申せませんね。私は見ておりませんので……」

なるほど！

すると「お時間ございましたら、境内をご案内しましょう」と、まるで秘密の場所にでも案内してくれるかのように神楽殿の脇の細道を入っていった。別段、ここは誰でも入れるのだが、見落としがちな場所なのである。そこになかなかのパワーを感じさせる場所が点在していたのである。

まずは土用殿《どようでん》。ここは明治の社殿改造時まで剣が奉安されていたという場所だそうである。さらに歩くと大きな楠があり、そこから発している氣が元気を与えてくれる。そしてその先にあったのが清水社《しみず》である。清水社の脇には、それこそ清水の湧き出し口がある。

その真ん中に石が鎮座しているのだ。

なんと！「これは楊貴妃《ようきひ》の墓だと言われておりましてねえ」「はあ？」

この石がかつて存在した楊貴妃の石塔の一部とされているというのだ。一部とは？

ここにあった石塔は貞享3（1686）年における修復の際に廃絶されてしまい、その一部が残っているだけだという。

「そこに向かって3度水をかけて、祈念すると願いごとが叶うんです。湧き水で眼を洗えば眼がよくなって、肌を洗えばきれいになると言われています」

でも、なぜこの場所に中国の楊貴妃が眠っていなくちゃならないのだ？

木本誠二《きもとせいじ》の著作に『謡曲ゆかりの古蹟大成』という書物がある。ここに、熱田神宮と楊貴妃の伝説が記されている。

早速、調べてみると楊貴妃は元来、熱田神宮の女神なのだという。

だが唐の玄宗《げんそう》皇帝には日本に攻め入ろうという野望があった。それを知ったアマテラスが彼女を唐に渡らせ、楊家の子として生まれ変わらせた。楊貴妃は世にも美しい女性に成長し、玄宗の寵愛《ちょうあい》を受けることになる。しかし役目を果たさなくてはならない。そこで帝を誑《たぶら》かし、政務を乱し日本攻略の意を思いとどまらせたのだ。目的を果たし命を終えた彼女は、すぐさま故郷の熱田神宮に飛び帰ってきたのだという。そこでこの場所に墓が立てられたとされる。

ここに立つと霊氣が漂ってくる。顔形だけではなく、人としての心の美しさを育む力がここにはあるのだ。

奇跡の初詣、神降臨に立ち会う 津島神社

熱田を参った翌日に仕事を済ませ、さらに翌日1月31日の朝、レンタカーで伊勢神宮へと向かう。お父さんが神葬祭だった友人から数日前に「一緒にお伊勢さんに連れてっていただけますか?」と電話があったので一緒することになった。

ところがどういうわけなのかその前夜、私はどうしても行きたい神社を思いついた。翌日の確認のために地図を何気なく見ていたら、急にそこの神社が目に留まったのである。

そこは伊勢神宮に向かう途中にある津島《つしま》神社。それも全国に3000社もある津島神社の

総本社だったのである。

〝これはお導きだ！　行かねばならぬ〟とばかり、予定の出発時間も1時間早めて朝9時にホテルを出発することにした。

「今日は僕が運転しますね」と言ってくれた彼は早速、ナビに「伊勢神宮って入れるんですか？」と訊いてきた。「ああ、ごめんごめん！　言い忘れてたんだけど、お伊勢さんに行く前に、もうひとつどうしても行きたい神社があるんだ」「そうですか。分かりました」

近くに立っていた宿泊先のホテルのドアボーイに向かって私は、「津島神宮って言うんでしたっけ？　津島神社だったっけ？」と尋ねた。するとドアボーイはすかさず「津島神社です」と応える。運転する彼は、津島神社とナビに登録した。地図が出てきた。ところがそのドアボーイが車内を覗き込んで、「そこじゃないと思います」と言うのである。

もう一度、県内の津島神社を探してみると、確かにほかにもこの名前の神社があり、行き先ではないほうの神社を登録していたのだ。

「おお危なかった！」。何しろはじめて行く神社なのだから、ナビゲーションがそのままだったら何の疑いもなくそこに向かっていたはずだ。訂正され車は走り出した。そして9時半すぎに無事、津島神社に到着したのである。

お手水を済ませ、本殿へと向かって歩き出したときである。急に本殿から神楽のような音が聞こえてきた。うれしいお出迎えである。本殿の前に立つと、何やら何人もの神職が御殿の中を歩き回っている。通常の神楽にしては人数が多すぎると思った。さらに水色の袴《はかま》をつけた神職が、それを見守るように、いつの間にかなぜか私の隣に立っていた。

その若い神職さんに声をかけてみた。

「今日はお祭りか何かですか?」。すると彼はこう言うのである。

「はい。今日は旧暦の1月1日です。今日から新年なのです。そこで国の隆昌の祈願が今から始まるのです」

小朝拝という旧正月だけの祭りだというのだ。ここは昔から〝津島の七草まつり〟として知られ、七草神饌を上げて祈禱するのだが、今日は1日だから特殊な神饌を供え、この一年のいやさかを祈るというのである。

「えっ?」

驚いて息が止まりそうだった。私はこのスケジュールが決まったときに、〝新年を迎えてから〝おかげ年〟の運気でお参りしたいのになあ……〟と内心思っていたわけである。これは「まさか!」なのである。

と、いうことは後で詣でる伊勢神宮を新年、それも元旦にお参りができるというわけだ。まさに今日こそが初詣の日だったのである。ここ津島神社はスサノオとオオクニを祀っている。と、なれば新年をここで出雲神、伊勢で大和神とふたつ拝むことができることになる。

津島神社は、欽明《きんめい》天皇元（540）年、西国対馬《つしま》より大神が鎮座したのが始まりで、古くから「対馬牛頭天王社《つしまごずてんのうしゃ》」といわれ、〝西の八坂、東の津島〟と呼ばれてきた。牛頭天王とは神仏習合思想の際における、スサノオのことなのである。

そのうち、殿内にいる神職が急に「オー」という低い声を出し始めた。私は「えっ？どうして？」と心の中で叫びながら、すぐさま頭を下げた。

これは神様が降りられる瞬間の合図の声なのである。この声のことを警蹕《けいひつ》という。神社での祭の際、本殿の扉を開閉するときに神職がお辞儀をしながら発する声のことである。よく「神様をお招びしている合図ですか？」と問われるが、そうではない。警蹕の「警」は、警戒することで、「蹕」は行く人を止めるということになるから。反対に参列者に対する合図なのである。

元々は天皇の出御《しゅつぎょ》や、天皇のもとに御膳《ごぜん》を運ぶとき、貴人《きじん》が通行する際などに「おお」

「おし」などと言いながら、先払いするところからきている。だからこれから神が降臨されるので、しっかりと頭を下げるようにと知らせているわけだ。神社を多く詣でていても、警蹕の瞬間に当たることなどほとんどない。滅多に遭遇できないものなのである。

それも今回はこの時間帯でなくてはならないのだ。もしナビがそのままでドアボーイが気づいてくれなかったら？　出発時間を早めなかったら？　それより、昨日地図を見てもこの神社に目が留まっていなかったら？

いくつもの偶然、いやいくつもの必然が重なり合った結果だった。ましてや今日が元旦であることを知らされるために、私たちはここにお招ばれしたとしか思えないのである。なぜかというと、この後に伊勢へ回るわけだが、どこも〝今日が旧正月元旦〟であるということを知らせていなかったからである。ここにこの時間帯に詣でることがなかったら、おそらく旧正月は2月4日だと思い込んでいた私は、この事実を知らないままでいたと思う。伊勢神宮で、外宮さんにも内宮さんにも心の中で〝あけましておめでとうございます〟の新年の挨拶などはできなかったはずなのだ。

この津島神社には大願成就の力と、奇跡を起こす力がある。神の降臨を体験してから、私は津島神社の摂社末社をひとつずつ回って、〝なるほど！〟と納得した。

ここにはこの神社社地の守護、弥五郎《やごろう》殿社や無病息災のための居森《いもり》社などの摂末社が祀られているのだが、なんとその数が全部で34社もあるのだ。そのひとつひとつにしっかりと神徳が感じられる。ましてそれは特別な新年の祈禱の後だったからなのだろうか、神々がそこら中をほほ笑みながら駆け回っているような氣配すら感じるのだ。

アマテラスの内宮もトヨウケの外宮もイザナギの多賀社も祀られ、それぞれの神徳が溢れ出ているのだが、私が特にお気に入りだったのが柏樹《かしわぎ》社という社。

そのときには分からなかったのだが、後で調べるとこの祭神はスサノオの奇魂《くしみたま》を祀っていた。奇魂は奇跡によって幸を与える働きなのである。このパワーも加わって神社内の力が高まっているのだ。

そんなまさに奇跡のようなものをしっかりと目の前で見せられてから、私たちは伊勢へと向かった。まずは御塩殿神社、そして二見興玉神社から外宮、内宮へと初詣に向かうことになったのである。

健康、延命、生命力を補充してくれる氣比神宮

旧暦1月1日に伊勢神宮から東京に戻った私は翌日、氏神神社であり現在の産土神社でもある東京渋谷区の鳩森《はとのもり》八幡宮に無事帰還の報告に上がった。

そして新しい年を迎え、とうとう今度は石川県の仕事が入ってきたのである。待ちに待った数年ぶりの白山比咩神社への参拝が近づいてきたのである。自宅、会社の神棚にある神札は、私が「全国を回ることができるように」の思いから入れられたものである。

意味も分からぬままに毎年何度も参っていたこの神社に、〝パタリと参拝できなくなったなあ〟と思っていたら、急に全国の神社を回れるようになった。白山比咩神社に何度もお参りするうちに、全国各地に導かれるようになったとでもいうべきなのかもしれない。

そうである。全国を忙しく動き回らせるパワーを持つ神、これぞ縁結びの神、ここの祭神、菊理媛尊《くくりひめのみこと》（ククリ姫）の力である。

神話の中でイザナギとイザナミの黄泉《よみ》の国での喧嘩を仲裁した女神である。イザナギ、イザナミはアマテラス、スサノオ、ツクヨミはじめすべての神の親ともいえる。その強力

な神の喧嘩を止めたというのだから、この神も相当な力を持っていることになる。

ククリ姫の〝くくり〟は、縁をくくる、つまり縁を結ぶという意味だったのである。同時に喧嘩仲裁の神ということもあって、心根をやさしく持てるような力を与えてくれたり、自然に「ごめんなさい」という言葉を発することができるようになる。素直に間違いを認めることができるパワーが宿るのだ。自らの過《あやま》ちを認めるというのは、ある意味難しいことである。ところがそれができると、また違った方向に歩き出すことができる。これぞ、縁結びの本質といってよかろう。自己の魂の見えない部分を掘り起こし照らし出す力があるからだ。

まさに〝くくり〟のご縁で、私は全国の神社への道を歩み出したわけだが、前作には、一応ある程度、全国を回ったところで〝きっとまた再来することになるだろう〟と書いた。それがこの時点で叶ったことになる。これも不思議な話なのだが、今回私を呼んでくれたのは石川県で歌手をしている方だが、うちのマネージャーが、「一日先に入って、白山比咩神社というところにお参りしたいのですが……」と電話で話したところ、またまた「えっ？」ということになった。

なんと彼の親友が白山比咩神社の禰宜だというのである。「分かりました。言っておきますから是非お参りに行ってください」と、いうことになったのである。

その朝、私たちは小松《こまつ》空港へ飛んだ。しかし白山比咩神社に向かう前にと、そのまま福井県まで車を走らせた。今まで一度も訪れたことがなかった敦賀《つるが》市にある越前國一宮の氣《け》比《ひ》神宮にお参りしてみたかったからである。この日もまた雨模様だった。

ここを訪れてまず驚いたのは高さ11mの木造の大鳥居である。奈良の春日大社、広島の厳島《いつくしま》神社と並ぶ〝日本三大鳥居〟のひとつだ。度肝を抜かれながら一揖し、参道を歩いてゆくと左側に境内が見え、回り廊下で囲まれた内部は、荘厳さを感じさせる。

この神社の祭神は、その名のとおり笥飯大神《けひのおおかみ》（ケヒ）という。〝けひ〟とは、〝食（け）の霊（ひ）〟からきている。と、なればこれは、食物の神ということになる。『古事記』にある御食津大神《みけつのおおかみ》（ミケツ）と同神だ。となれば伊勢神宮外宮のトヨウケ（豊受）に通じることになる。

そんなことから氣比神宮に参ると、食という点から健康、延命長寿、命の甦《よみがえ》りの力が授かる。生命力の補充という言い方もできよう。特に鳥居の左手に「氣比の長命水」と呼ばれる冷たい湧水があるが、それをいただくことをおすすめする。

さらにトヨウケのパワーから、豊かな実りある人生、金運上昇も期待されるから期待しよう。金運上昇するために対人運もアップするのだ。つまり仕事上でも恋愛の上でも、大きな収穫を得ることができるのである。

歴史上の人物が祀られる柴田神社、藤島神社 写真を撮ると龍の目が光る？ 毛谷黒龍神社

旧暦元旦の伊勢参りの留守中にマネージャーが私のフェイスブックのページを作ってくれていた。フェイスブックは実名で、現実の知り合いとインターネット上でつながり、交流を深めるというネットワークサービスである。ともに「日本歌手協会」の理事を務めているあべ静江《しずえ》さんが、「合田さんはあんなにマメにブログを更新してるから、絶対にフェイスブックが合ってると思う」という執拗な（？）誘いに根負けしてスタートさせた。

ところが、たとえば静江さんとネット上で「友達」になる。これは友達同士だから当たり前だが、私が知らない彼女の「友達」にも私の近況が流れることになる。つまり「友達」の「友達」としてつながってゆく。「友達の輪」である。まさかの「友達の輪」は何

といっても、全国の宮司さんや禰宜さんはじめ神職さんたちと、直接会ったことはなくても、フェイスブック（以降ＦＢ）上で「友達」になったことである。ひとりの神社関係者の「友達」の輪はあっという間に広がり、今私のＦＢ上の神社関係者の「友達」は優に１５０名を超えている。話題の出雲の御曹司こと千家さんとも結婚発表前に恐れ多くも「友達」になり、発表日に「おめでとうございます」のコメントを入れさせていただいた。

そんなこともあって、氣比神宮から近い福井県のＦＢで知り合った宮司や神職の社もいくつか訪ねてみた。そこがまたなかなかだったのである。

絆の宮、柴田《しばた》神社は戦国時代の武将、柴田勝家《かついえ》を主祭神に妻の市《いち》を配祀している。勝家の居城、北ノ庄城の本丸跡地と伝えられる場所に社が建つ。大きな城の復元模型が目を引く本殿参拝の後、すすめたいのがその横に立つお市の方の三人の娘、茶々《ちゃちゃ》、初《はつ》、江《ごう》を祀る三姉妹神社。心やさしくも、いざというときには決断力にすぐれ、トップリーダーになる女性の氣にあふれているが、芯の強さとともに心根のやさしさを復元させる力が宿る。

「ちょっと最近、私可愛くないかしら？」などと思っていたら、ここの神社に行くべし！

南北朝時代の武将、新田義貞《にったよしさだ》を主祭神とする藤島《ふじしま》神社は、反対に武将のたくましさを感じさせる社だった。何かにつまずきそうになったとき、また勝負に出るときに的確なアド

絆の宮、柴田神社の三姉妹の像。左奥はお市の方

バイスを〝うかび〟として教え、授けてくれる力を持つ。

さらにパワスポの宮としても名高いのは、毛《け》谷《や》黒龍《くろたつ》神社。ここはその名のとおり、九頭《くず》龍《りゅう》川の守護神として創建され、日本古来の四大明神のひとつとされる古社である。生活の中でまとってしまっている邪気を祓い、マイナス思考、ネガティブなエネルギーをなくしてくれる。龍の神は水の神である。

ここは境内社の西宮恵《え》美《び》須《す》神社で商売繁盛を願い、もうひとつの境内社、石渡《いしわたり》八幡神社脇の願かけ石を願いごとを念じながら三度打つと、願いごとが叶うといわれている。階段を上がって左手に見えてくる黒龍の絵だが、それを写真に撮ると龍が持つ玉が金色に

持っている玉が金色に輝いて映ることがあるという黒龍の画

写り込むときがあるが、それは龍神のパワーをいただいたときだという。

そしてとうとう、私の神社回りの祖とも言うべき白山比咩神社へ再訪することになった。

雨ですでに辺りは薄暗かったが、歓喜しながら私は久々に加賀國一宮、白山比咩神社へと戻っていったのである。

命の水の神を司る　白山比咩神社の感動

以前、白山比咩神社は鳥居がない神社だった。それが昭和11（1936）年に表参道からの一の鳥居が作られた。今は廃駅となったが、加賀一宮《かがいちのみや》駅から徒歩5分ほどで表参道がある。そこから細い108段の階段を登るのだが、車で向かう場合、広い北参道駐車場に車を停めて鳥居をくぐるのが一般的。

そこの社号標の横に自己祓いの社があるが、ここには大麻だけではなく、塩も用意されている。塩を体にふり、お手水で手、口を清めてからそのまま本宮には行かず、一度右手に折れ木々のパワーシャワーを浴びながら、まずは正面に建つ荒御前《あらみさき》神社に詣でよう。それから神門をくぐるのだ。

その木々が雨で薄暗いのにピカピカ光っているような氣を放っている。それはまるで再訪を喜んでくれているかのようだ。すでに5時を回っていた。社務所に伺うと、杉山禰宜が待っていてくださった。福井から向かう途中、お電話を入れた。4時すぎに伺う予定と連絡を入れていたのだが、ナビによればその時間には到着できないどころか、雨ということもあり5時を過ぎてしまう勢いだったのである。

「4時すぎにおいでになると伺《うかが》っていたのですが……」

「すみません。ちょっと都合で、このままだと5時を回ってしまいそうなのです」

「分かりました。それならば、かまいません。お待ちしています」

明日の仕事先の方の友人だから、わざわざ待ってくださっているのだろう。〝申し訳ない〟と心の中で詫びた。ところが到着して遊神殿の控えの間に通されお話を聞いてみると、その日は午前中から仕事で外出しており、そのあと神社に戻ってからも、奉賛会の方との打ち合わせが急に入ってしまい、反対に4時すぎに来訪されても会えそうにない……と思っていたのだという。それが電話での「4時すぎにおいでになると伺っていたのですが……」となっていたのだ。反対にグッド・タイミングだったわけである。

今まで何年も何回もこの神社の近くに仕事があり、その都度お参りしたこと。そんなある年には鳥居をくぐったら急に神楽が始まり、それが鎮座2100年祭だったことをその場で知ったこと。神棚を新築のときにいただいた社長と約束もしていなかったのにここの境内でばったり会ったこと。さらに毎年、石川県から依頼の仕事があったのに急に一昨年、昨年と仕事がなく、その代わりにまるで白山様が、「さあ全国に回っていらっしゃい！」とでも言うかのように、全国のおもだった神社に回ってゆけるようになったこと。その歩いた一年の証しが一冊の本になって発売されたこと。そして今ここにまた〝お礼参り〟のように訪ねられたことの喜びなどを話した。

杉山禰宜は「私は数十年前に、白山に登り奥宮で日の出を見たときに、この神社に奉職したいと思い、それからずっとここでおつとめをしているのです」と話した。そのパワーの大きさは人の人生をも変える。禰宜がそうだったように、私がそうだったように……。

人気《ひとけ》のない拝殿へと連れ立ってくださった。その神の前に正座したときの感激といったらなかった。それは一種の圧倒感、いや何だろう？　この氣は。何度も参拝しているのに、はじめてに近い、強い衝動を与えられたのである。言葉では言い表せない力にゆり動かされ、思わず「ウアー」と声を上げてしまった。

是非ここの神社に詣でるときは、昇殿参拝、正式参拝をおすすめする。賽銭箱の前と全く違う氣が殿内に、溢れているのだ。すべての縁《えにし》の糸がくくられてゆくことが分かる、そんな空間を持つ。

さらにその後、この神社は水の神様をお守りしているという話に釘付けになった。確かここはククリ姫と、そこにイザナギとイザナミを祀っていると記憶していたはずだ。水には無関係だと思っていたが……。

「ここの神社のご神体は、もちろん白山ですからね」

石川、福井、岐阜の3県にわたって高く聳え立つ白山は、古くから霊山信仰の聖地として仰がれてきた。ここの地もまたお山信仰が元になっているのである。

山の麓に暮らす人々や平野部の人たちにとって、白山は生活するために絶対不可欠な〝命の水〟を供給してくれる神様なのである。その後、山への信仰は、登拝という形に変じてゆくが、元々は河川の水源、つまりは白山の水は農業に従事する人にとっては、水神、龍神が住む尊い山だったのである。

さらに山にもかかわらず漁業や船に従事する人にとっても航海の神として信仰された理由がそこにある。加賀や越前の漁民たちは、白山の前を漁船で通るとき、帆をおろし船を一度停め白山に向かって遥拝してから通過したという。現在でも日本海の多くの漁船は、大漁旗に白山比咩神社の名を記す。まさに水の神。

「だから雨で今日は祝されているのですよ。ちょっと行ってみましょう」

後ろを追った。まず奥宮の遥拝所を拝し、神楽殿から南参道へと歩くと、祓場がある。白山の伏流水を利用した滝が、荘厳な雰囲気を醸し出している。その前に立つだけで体が清められ、罪穢れが洗い流されてゆく。私にとって格別な神社であることが、さらに確認できた旅だった。そしていつかは、白山に登って奥宮に詣でてみたい、それが私の夢になった。

〝おいでおいで〟と呼ばれた能登生國玉比古神社

翌日、仕事先の能登へと向かった。リハーサルを終えたが、本番まではまだ時間がある。私は明日行く予定にしていた能登生國玉比古《のといくくにたまひこ》神社へお参りだけしてみようとマネージャーと車でその場に向かった。

境内はひっそりとしていた。ところが車を停めると後ろから次々と車が入ってきたのである。私たちは、「結婚式でもあって、ここの宮司さんたちが出かけていて、今ちょうど帰ってきたんだろうね」と話した。何しろ正装した神職が何人も何人もいるのだ。

「どちらからですか?」「東京です」「まあわざわざおいでくださり、ありがとうございます」

　そのとき私にはそれが遠方からわざわざお参りくださって感謝します……という意味にしか取れなかった。ところが、社務所と一緒になっている宮司宅でご朱印をいただこうとすると、「宮司は今、本殿のほうで準備中かと思いますが、探して参りますから」と言う。

　そのときになってやっと何かが今日ここで行なわれるのだな？　と気づいた。どんどん一般の人たちも集まってきた。

　神職に「今日何かのお祭りですか？」と訊ねてみると、「えっ？　知らないでおいでになったのですか？」と訊かれる。

「はい」「まあ、今日は年に一度の〝おいで祭り〟でしてね。もうそろそろ神様とお馬がお着きになりますから」

　宮司が戻ってきた。

「お忙しいのに」「大丈夫です。まだおいでになりませんので」とご朱印を書きに、部屋に入ってゆく。そのとき持っていたご朱印帳は日光二荒山神社で購入した木製のものだったが、宮司と神職が「なかなか立派なご朱印帳だね。どこのご朱印帳だろうね」などと話しながら戻ってきたのだ。

宮司はそのまままた本殿へと引き返して行ったが、神職に「日光の二荒山さんのですよ」などと話しているうちに、「『神社の謎』を書いている合田道人です」と名刺を差し出すことになった。するとその神職さん、「ああ合田さんですか、靖國さんなどでも講演や歌の奉納をなさっている……。わあどうしてこちらに？」「ちょうどこれからコンサートがあるものですから……」

その神職は今日の大祭のために、奉仕に来ていた隣の富山県に鎮座する越中國一宮の射《い》水《みず》神社の権禰宜だったのだ。私が偶然ここを訪れたことを話すと、「まさしく〝おいで祭り〟なのですねえ。お時間がありましたら……」と昇殿をすすめられ、その〝おいで祭り〟を目の当たりにする貴重な体験をすることができたのである。

〝おいで祭り〟とは平国祭《くにむけまつり》と呼ばれるもので、この地域では「寒さも氣多《けた》のおいでまで」といわれる能登の春祭りのこと。

神様が民衆の中に〝おいで〟になり、一体となる祭りだ。明日詣でようと予定していた能登国一宮、氣多大社はオオナムチ（＝オオクニ）を祀る旧国幣大社だが、そこから春になると馬に乗った神職一行が〝氣多本宮〟へと向かうのである。

現在は3月18日に氣多の大社を出発し、往路である21日に中能登町の宿那彦神像石神社《すくなひこかみかたいしじんじゃ》に一泊する。翌日同社のスクナビコナを神輿《みこし》に同乗させ、七尾《ななお》の氣多本宮へと入るのだ。ここでお泊まりになり、翌日から帰り道になるわけだ。なんと氣多本宮こそが、私がひょいと訪れた能登生國玉比古神社だったのである。今日はここに神がお泊まりになるというのだ。本宮とは通常、元宮や奥宮などその神社にとって重要視される呼称である。最初はここが本社だったという説もある。

またまたあまりの偶然に驚いていると、数分もしないうちに馬が鳥居をくぐってきた。そのあとに大学生と思《おぼ》しき青少年たちが勇壮に荒々しく神輿《みこし》を担いで続いて入ってきた。

他の神社で見たことのある丸い太鼓橋は、神がその神社に入るときに渡るものだということは知っていたが、今までその場面をじかに見るチャンスはなかった。しかし今まさに私は、目の前の太鼓橋を渡る神を見つめていた。橋を渡るとそのまま本殿にオオナムチとスクナビコナがお入りになり、神事は始まった。引き込まれるように私とマネージャーも昇殿した。

もしリハーサルから本番までの時間がなかったら？　いや、たとえ時間があったとしても、ちょうどあの時間に訪れていなかったら？

ましてやここがおいで祭りの往復路の中間地であり、ここが本宮などということを全く

神様が民衆の中においでになるという「おいで祭り」

知らずに訪れているのである。

「まさしく〝おいで〟ですね」と声をかけてくださった射水神社の嶽権禰宜が、ここの本宮の櫻井宮司を改めて紹介してくださった。

「明日は早いですが、8時にお発ちですよ。よろしければ」と伝えられ、会場に引き返し、時間どおりにコンサートを済ませたのである。

私たちは翌朝、ふたたび氣多本宮へと参り、神のお発ちを拝見させていただいた。神輿は氣多大社に帰る23日まで、二市二郡を回り長い行列が早春の能登路を巡行するのである。

ここ氣多本宮には、本宮としての、まさに〝氣の多さ〟を感じた。自分にとって必要な力を与えてくれるだけではなく、今回がそうであったように自分の思いや考え以外の体験までさせてくれる氣が溢れている。自分自身では気がつかないものへの導きを授けてくれるのである。

太鼓橋を渡る神輿

「氣」と書かれたコピー伝授　氣多大社

氣多本宮、能登生國玉比古神社を出発した私たちは、そのまま氣多大社へと向かった。考え方によっては、今ここは神様がお留守である。だからこそ、本宮で神と遭遇させてくださったのであろうか。

氣多は『万葉集』にも名が見える古社。北陸の一角にありながら朝廷の尊崇が厚かった神社でもある。『古縁起』によれば、オオナムチ（＝オオクニ）が出雲から舟で能登に入り国土を開拓したのち、守護神として鎮まったと伝わる。

神が旅行中（？）にもかかわらず、やはりここの神社もその名のとおり、〝氣が多く〟充満している。それもまばゆいほどの氣なのだ。罪穢れの穢れは〝氣枯れ〟だから、その枯れた氣を元通りにしてくれるパワーを存分に発揮している。

神域とされる本殿後ろの樹木に近づくことで、さらに、前進する力をアップさせる。〝くよくよなんてしていられない〟と教えてくれるのだ。

ご朱印をいただくと宮司の字による「氣」と書かれた書のコピーをいただける。お守りも「氣」と書かれたものがあり、そこからさえも「氣」を受け入れることができるのだ。

自分のパワーが低下したときに自然に助けてもらうことができる。いろいろな色の種類のお守りがあったが、私は「木」の「氣」という理念から迷わず、緑色のものを求めた。お守りにも「氣」のコピーが付けられる。

私が前作を発刊してから半年、ちょうど2014年の3月までの神社の体験はまた違った意味でいろんな出会いと縁、喜びを重ねていった。

テレビで〝神社参拝の名人〟として紹介されたり、何より木がたくさんの人に読んでいただけたことがうれしい。重版に次ぐ重版ですでに〝オビ〟も4種類目を迎えた。そしてこうして新しい神社の木が書店に並んでいる。

そういえば、作家としてだけではなく作曲家としても多忙な年になった。特に私が中学生の時期に近所に住まわれていた『氷点』『塩狩峠』『銃口』などの作家、三浦綾子《みうらあやこ》先生の小学校4年生のときの詩「お月様と影ぼうし」が発見され、それに私が作曲させていただいた。日本を代表する名女優であり名歌手の倍賞千恵子《ばいしょうちえこ》さんが歌ってくださり、それがNHKの「みんなのうた」で放送された。伊勢神宮で一緒に鹿を見た伊藤咲子さんの新曲もかいた。

前作で紹介した『合田道人厳選！　必ず行くべきほんもののパワスポ神社』に取り上げた神社からもお礼をいただいた。

「お守りと一緒に皆さんにお分けしています」とか「ホームページに、先生の本で紹介されたとのせてよろしいですか？」と連絡もいただいた。ある神社の宮司さんからは、発売と同時に何十冊もの本の注文をいただいた。「ご祈禱やお祓いを受けに来る方々にお渡ししようと思って」という理由だった。ところがその後、また参拝に訪れたときに「ご祈禱の方にお渡ししたら、〝この本を見てここにやってきましたので、持ってますこの本〟という方が多くいらして」とおっしゃってくださり笑った。

私が子供に恵まれると書いた山梨の夫婦木《みょうとぎ》神社を参拝し、前作では「お参りに行ったが、まだ懐妊の報告は聞いていないが……」と記した編集者の友人からは、「誰にも言ってないのですが、できましたよ赤ちゃん」とうれしい知らせが届いた。

実際、私は自分が参拝した場所から、〝ここぞ！〟という場所を選んで書いてきた。お参りしても自分の中でピンと来なかった場所は遠慮したし、ほかの本でいくら〝ここぞパワースポット〟とされていても、自分の足でまだ訪れる機会を持てない場所も省いた。

前回のパワーを感じる神社として本の中で紹介したのは、以下のとおりだが、今回は前

パワーをいただけそうな「氣」の書

回ページを割けなかった神社、さらに前作発刊後に訪れて〝ここぞ！〟と改めて感じた神社を、ここまでの章で登場しなかった中から〝ほんもののパワスポ神社〟としてご紹介することにしようと思う。

（『全然、知らずにお参りしてた　神社の謎』の第5章「合田道人厳選！　必ず行くべきほんもののパワスポ神社」の項で紹介した神社一覧）

北海道神宮（北海道）蕪嶋《かぶしま》神社（青森県）榛名《はるな》神社（群馬県）那須神社（栃木）鷲子山《とりのこさん》上《しょう》神社（栃木）鹿島神宮（茨城）玉前《たまさき》神社（千葉）氷川《ひかわ》神社（埼玉）靖國神社（東京）代々木八幡宮（東京）平田神社（東京）愛宕《あたご》神社（東京）大國魂神社（東京）夫婦木神社（山梨）戸隠《とがくし》神社（長野）諏訪大社（長野）彌彦神社（新潟）白山比咩神社（石川）熱田神宮（愛知）天橋立《あまのはしだて》神社、元伊勢籠《もといせこの》神社、眞名井《まない》神社（京都）出雲大神宮（京都）住吉大社（大阪）大神神社（奈良）石上《いそのかみ》神社（奈良）天河《てんかわ》神社《天河大辨財天社《だいべんざいてんしゃ》》（奈良）厳島神社（広島）金刀比羅宮（香川）太宰府天満宮（福岡）宗像大社（福岡）宇佐神宮（大分）天岩戸神社（宮崎）

※他の章で、伊勢神宮や出雲大社、富士浅間神社、霧島神宮や周囲の神社も紹介しました。

第5章

合田道人の厳選神社
必ず行くべき！ ここぞパワスポ！
～特別編～

鹽竈《しおがま》神社（宮城県）

宮城県塩釜市一森山1−1
022−367−1611

東日本大震災では石段まで津波が押し寄せたが、ここは東北の鎮守の宮といえる。陸奥國一宮であり、全国に数ある鹽竈神社の総本社でもある。人は水と塩がなくては生きてはいけないが、ここの祭神は、海と塩の神。つまり命のポイント、源を感じさせる場所なのである。物事を動かす感覚、争いごとや悲しみにくれているときに心の助け舟を差し出してくれるご神徳をいただくことができる。それはまるで先祖や親や先輩といった安心の氣なのである。

よりあたたかい氣をいただくために、境内社の志波彦《しわひこ》神社を詣でることだ。皺《しわ》を深く刻んだ人生の先輩たちが道を指南してくれるのだ。

困ったことが起きたときには、心を素直にして「導きを教えてください」と、すがることも時には大切。新しい生き方、人生の進み方を教えてくれたとたん、なぜに今までそんなことが分からなかったのだろうか？　といった開放感が生まれる。

妙義《みょうぎ》神社（群馬県）

群馬県富岡市妙義町妙義6
0274-73-2119

奇岩と怪石で有名な景勝地、妙義山の主峰である白雲《はくうん》山の東麓に鎮座し、出世運、飛躍運を与えてくれるのがここ。

生い茂る老杉、古びた石段、ダイナミックで緑豊かな境内。いやその緑にもあざやかというよりは、古式ゆかしい深さがある。実に独特な重厚度なのである。

妙義山には威厳、尊厳といった氣が溢れている。火の力を持ち、それゆえに上昇氣流が立ち上るのだ。

青銅の大鳥居、灯籠《とうろう》のある石段、拝殿の金色の昇り龍と下り龍、彫刻で埋め尽くされた唐門の天井に描かれる龍など、きらびやかさの中にある厳かな氣が上昇運を高め、生命力の強さを作ってくれる。これは祭神のひとつがヤマトタケルであることも理由に挙げられよう。人を統率してゆく力を発揮しているのだ。そのため会長や社長や部長、町内会長でも学校のグループ長でもいい。そういったリーダーたちが拝むと自然に統率力が備わる。

さらに開運、商売繁盛の道筋もつけてくれるが、これはやはり祭神のトヨウケの力ゆえ。幼児、児童などの子供時分にここを家族で参ると、子供たちの未来は安泰、思いどおりの人生行路を開いてくれるのだ。これも祭神である菅原道真、また後醍醐天皇に仕えた学者で僧侶の権大納言長親卿《ごんだいなごんながちかきよう》の力といえるだろう。

しかしここの元々の祭神は、波己曾《はこそ》の神とされ、創建期はここを波己曾神社と呼んだ。波己曾とは、岩社《いわこそ》という意味を持つ。

つまり社殿、建造物ではなく、奇岩こそが神のよりしろだとされていたのだ。現在の妙義神社の本殿北にある影向岩《ようごういわ》が、波己曾の神であり、それを祀る社が、波己曾社《はこそしや》である。

ここが妙義神社の旧本社なのだ。ここへの参拝を忘れぬように。ここここそがパワーをいただくキーポイントである。

手を合わせることで、岩のような強い精神力が磨かれて、これぞ！　と思った事柄をしっかりと成就させてくれるのだ。

2014年、世界遺産に登録された富岡製糸場。この地で紡がれた絹糸で作られたシルクの切れ端を、大願成就のお守りとして付録にした世界遺産テーマソング「まゆの思い」（中村悦子・歌）のCDが話題になっている。シルクを神社で祈禱して幸を分けているという。そのＣＤにはこの神社に歌碑が建つ明治時代の小学唱歌「妙義山」も選曲されている。

古きを温《たず》ねて新しきを知る。まさに上昇氣流の賜物である。

一之宮貫前《ぬきさき》神社（群馬県）

群馬県富岡市一ノ宮1535
0274-62-2009

全国的にも珍しい社殿へと下る参道。つまり一旦小高い丘の坂道を登って鳥居をくぐると石段を下り、楼門に至る神社なのだ。社殿が下に見えるからびっくりするやら、申し訳ないやら。ここは、現代日本の礎を作ったともいえる経津主神《ふつぬしのかみ》（フツヌシ）と群馬の養蚕の神、姫大神《ひめおおかみ》を主祭神とする。こちらもまた、世界遺産登録の貢献者ならぬ貢献神様なのである。

フツヌシは刀剣（布都御魂剣《ふつみたまのつるぎ》）の威力を神格化した武神でもある。そのため、ここを詣でるとその刀で邪心を振り払ってくれる。つまり災いを防いでくれるのだ。

人より上に立ちたいとか、こんなに仕事をやっているのに認められないといった思いは人が誰でも持つ感情だ。しかし、これこそが邪心なのである。人より上に立つためにはそれなりのパワーが必要だし、認められるためにも努力は必要だ。邪悪な思いを断ち切ってこそ、人の上に立つことができるようになるのだ。

ここで十分にパワーをいただくためには、一度階段を下って本殿を拝した後、本殿左奥にある祭神の子神を祀《まつ》る摂社、抜鉾若御子《ぬきほこわかみこ》神社へお参りすることだ。

人間というもの、自分が認められるために権力がある人だけに寄って行き、〝あわよくば〟と考えてしまうものである。しかしながら、それだけではいけない。摂社末社もしっかりと拝むことで、最終的に自分自身を高めてくれる結果を招いてくれる。ここにはそういう点からいえば、ご神徳の高い神がいくつも祀られているのだ。

アマテラスの弟神（妹神とする見方もある）、ツクヨミの神を祀る月讀神社も力が強いが、どうも知らんぷりして通り過ぎる人が多い。月讀神社を拝することで、ツクヨミ本来の力である、裏読みする力をいただくことができるのだ。神話でも大切な位置づけとされるツクヨミだが、祀られている神社の数は意外と少ない。ある意味では、そう滅多にお見かけできないのがツクヨミなのだ。しかしツクヨミは暦、つまり時間、タイミングを作用し、太陽との裏側という点から、人の心の裏側を見抜く力を養う。

つまり、いくら自分で考えていても、いくら自分で努力してもよい結果に結びつかない人は、ほとんどがそのタイミングを逸しているのである。ツクヨミには、絶好のタイミングを知らしめるパワーがあるのだ。

さらに階段の上の横には、伊勢神宮をはじめ多数の末社を祀る一角がある。そこでもしっかりとアマテラスにお参りをして、一之宮ならではのパワーをいただくのである。神社全体をくまなく拝むことで、人に認められる結果を招いてもらえるのである。

香取《かとり》神宮（千葉県）

千葉県香取市香取1697
0478-57-3211

36年ぶりに安土桃山様式を受け継いできた本殿の屋根葺《ふ》き替え工事や拝殿の塗装が完了

したばかりの香取神宮を訪ねると、さらなる氣の充満を感じさせる。

目にもあざやかな朱塗りの鳥居が印象的な神社だが、前回訪れた際は、東日本大震災の後ということもあり、灯籠《とうろう》が崩れたままだった。今回、石段を上っていくと、その悲しみ、苦しみからやっと抜け出し、新しきスタートを切ったような力強さを感じさせてくれた。

ここは戦いに勝つというパワーを持った神社である。

ここの大神はアマテラスのご神意でここから利根《とね》川を挟んで十数キロと近い鹿島神宮の武甕槌《たけみかづち》（タケミカヅチ）とともに、出雲のオオクニヌシに国土を譲らせた平和国家建設の神、フツヌシだからだ。先の貫前神社の神と同じ、つまり軍神としても崇《あが》められるわけだ。

そんなことから、ここは独特な力強さや粘り強さを会得することができる。何かに打ち勝ちたいときには、まさに好都合なのである。

ところがそれは、ライバルを蹴落としてまで勝ちを収めるという方法ではない。物事が成就しないのは、実は他人ではなく自分の力不足であることが多いのだ。そういうときは人の力、パートナーとの協力が必要だ。それこそが、勝運につながるという考えを教えてくれる。

この出雲からの国譲りは、鹿島神宮のタケミカヅチだけに依頼されていたのだが、タケミカヅチは香取のフツヌシとともに出雲へ出立、それが好結果を生んでいる。自分ひとりだけでは達成できないものが、友人、他人とタッグを組むことで成就する方法論を授けてくれる。

つまり人生にとっての大切なパートナーを教えてくれ、その人と一緒に拝すると、さらに効果テキメンなのである。

夫婦で参拝したり、会社の主要な人間同士で一緒に拝するといい。結婚前のふたりなら、ここで人生の航海を歩むパートナーであるかどうかが決められてくる。将来、一緒に人生を歩まない人間同士で拝した場合は、すぐに結果が出てくるのだ。どちらからともなく、疎遠になってゆく傾向がある。

これらで失敗した経験を持つ人、今度こそ失敗できないと思う人たちは、是非ここを連れ立って参拝してみよう。

また香取、鹿島の二社は対で拝むとより効果的だ。

麻賀多《まかた》神社（千葉県）

千葉県佐倉市鏑木町933番地1
043・484・0392

成田《なりた》空港がある成田市に隣接する千葉県佐倉《さくら》市の佐倉藩鎮守の社。

先日コンサート終了後に突然訪れた神社だったが、何しろ樹齢800年以上という大《おお》銀杏《いちょう》はじめ大樹のパワーに驚かされた。

麻賀多という名を持つ神社は佐倉市内や成田、富里《とみさと》、酒々井《しすい》、八千代《やちよ》など近隣にしか存在しないという。千葉は古くから麻の産地で、旧国名の総国《ふさのくに》の総とは、麻を表すという。麻の倉「あさくら」から佐倉「さくら」の地名に転じたともいわれる。佐倉が古代では、物流の中心的地位を占めていたとされるのだ。

ここの祭神は珍しい。稚産霊命《わかむすびのみこと》は、伊勢神宮外宮の神、トヨウケの親神なのである。〝稚〟は幼い、〝産霊〟は完成という意味を持つため、幼いものの完成、つまり人間（子供）はもとより、仕事や恋愛など、スタートした物事をどんどんと大きく育て上げ、発展させるパワーを持つ神様なのである。

宮本宮司に昇殿をすすめられ、神前でお参りさせていただいたが、そこには華やぐような明るさを感じさせてくれた。これはスタートダッシュの華やぎなのだ。目標に向かって前進する手助けをする、見守るパワーなのである。

また摂社の三峯《みつみね》神社は、主祭神の祖父母に当たるイザナギ、イザナミを祀るが、ここのご神徳が盗賊除けとされ、同時に招財とされる。これはすぐに持っているお金を使ってしまったり、どうも貯金が苦手という人たちにもご利益があり、宝くじ高額当選といった夢のような話が飛び込んでくる流れをつかむことができる。

さらに子供に当たるトヨウケを祀る摂社、稲荷神社は古くから商売繁盛の神である。トヨウケ＝豊受のパワー絶大なのだ。それらがすべて大樹から発散するパワーと相まって、実現性を持ってゆくのだ。

末社の疱瘡《ほうそう》神社は医学、薬の神、スクナビコナの神像が〝撫でエビス〟として健康に導いてくれる。こうした開運の力を少しでもいただこうとお守りや絵馬も揃えられているが、特に宮司夫人が自ら描いたという絵馬が、若い女の子たちに人気の的。

久伊豆神社（埼玉県）

埼玉県越谷市越ヶ谷1700
048-962-7136

もちろん〝ひさいず〟と読むのだが、〝くいず〟とも読めることから、クイズ番組で紹介されたことがある。解答者が集って参拝に行くシーンである。ここに詣でるとクイズに答えられるというご神徳は、由緒書にはさすがに書かれてはいないが、ここは八方塞がりを追い払う力に満ち満ちている。つまり四方八方から侵入してくる様々な災い、難解を避けて、平穏、名答をもたらすのである。

出雲神のオオクニとその息子とされる事代主《ことしろぬし》（コトシロヌシ）を主祭としているが、まずは延宝3（1675）年に作られたという歴史ある手水舎でしっかりと自らをお祓いすること。

この手水舎に彫られているのが登龍門。中国の故事ではこの川を上ると鯉が龍になるといわれる立身出世の門である。ここで心を静めて清めることでまずは力を備えてくれる。鯉にかけた〝恋〟の成就を内心に秘めて参るときも、ここは避けて通れない。

登龍門には難関突破の意味もあるから、成功への道しるべという意味も持つ。これなら、クイズ番組にもご利益ありそう。

難関突破の運氣を持って本殿へ参り除災招福を願うのである。

さらに摂社の五前神社を拝すること。ここには木、火、土、金、水の神々が祀られる。それが陰陽五行思想と習合することで、特に男女吉凶の相性が守護される。恋の意外な出会いと成就力満杯な所といえよう。

神田《かんだ》明神（神田神社）（東京都）

東京都千代田区外神田2－16－2
03－3254－0753

天平2（730）年創建だが元は、東京都千代田《ちよだ》区大手町《おおてまち》に鎮座していた。その場所は、祟《たた》り神の墓所として、現在もその地に建つ平将門の首塚の周辺だ。東京駅に近いオフィスビルの一角に鬱蒼《うっそう》と残され、今も花が絶えない。近隣の人々が祟りを恐れているかのようだ。いや、事実そうなのである。

平将門は平安時代の関東の豪族である。平氏一族の抗争は、やがて関東一円を巻き込み、最終的に京都の朝廷に対抗することになる。そして将門は東国、下総の猿島《さしま》（茨城県）に独立国を立ち上げようと画策したのである。しかし、朝廷軍に討伐されて、京都でさらし首となる。そのとき、ふるさと恋しと首が関東を目指し空高く飛び去ったと伝わり、途中で力尽きて地上に落下したともいうのだ。岐阜県大垣《おおがき》市の御首《みくび》神社、東京千代田区九段にある築土《つくど》神社、茨城県坂東《ばんどう》市の國王《こくおう》神社などにも首塚伝承は残る。

そんな中でもっとも著名といえるのが、神田明神の元の場所（東京都千代田区大手町一丁目2番1号外）なのだ。ここは古くから、首塚を粗末にすると将門の怨霊によって悪いことが起きると伝えられてきた。

近代でも大正時代に関東大震災で瓦礫《がれき》の山となったこの場所に大蔵省が建てられたが、それ以来、役人に病人が続出、大蔵大臣はじめ14人が相次いで亡くなっている。さらに、その後落雷で大蔵省は全焼し、慌てて塚に古跡保存碑を建立した。

終戦後の昭和20（1945）年にも、進駐軍のアメリカ兵がそんないきさつを知らずに、ここを駐車場にしようと計画し工事を開始したが、作業中にブルドーザーが突然ひっくり返り、死人を出している。昭和63（1988）年制作の将門の呪いを題材とした映画「帝都物語」の撮影中にも、機材の落下や火災発生などの事故が起こっているのだ。すべて祟りと言われている。

明治時代には、現在の神田明神の場所に摂社として将門神社が建てられたが、神職や氏子の懇願で、昭和59（1984）年には、オオナムチ、スクナビコナの建国の神とともに主祭神として堂々、将門は祀られることになったのだ。

その際、国学の四大人《しうし》のひとり、平田篤胤を祀る平田神社（東京都渋谷区代々木）に将門の神像が大切に保存されていたため、神田神社に遷された。今でも年に一度、その像の拝観日が設けられている。

現在の平田神社の宮司の曾祖父は、昭和20（1945）年まで神田明神の宮司を50年あまりつとめた人。平田神社米田宮司によれば「篤胤大人《うし》の日記には、文政8（1825）年に生き神様のように篤胤の手元に将門様の像が運ばれ、迎えられたということです。篤胤存命中には年に一度、将門様の像と一緒にお花見に出かけ、人々に幸を分けていたようでございます」

その後、奇跡をもたらす神像として一切公開されず平田神社内に秘蔵されていたが、将門が主祭の一神となることで神田明神に奉仕することになったという。しかし、なぜ祟り神なのにお花見をしたり、人々に幸を与えたというのだ？

実は平田神社においても、神田明神においても、将門は賊軍ではないとする。民衆のために関東一円の政治改革のために命をかけたヒーローという位置づけなのである。

将門反乱の時代の朝廷は、地方の政治を国司に任せっきりだった。国司もそれをいいことにして一定量の税だけ納め、後はやりたい放題だった。勝手に国司は税率を変え庶民を苦しめ、朝廷に納め終わると残りは自分の財布に入れたり、任期が切れているにもかかわらず居座って、財力や武力を蓄えたりしていたのだ。そこに将門様が反旗を翻《ひるがえ》した。だからこそ、庶民にとってはヒーローそのものだったのだ。

だからだろうか、神田明神の朱色のあざやかな随身門をくぐると、庶民の匂いがプンプンしているのだ。まさしく、東京に住む人々にとっての守り神そのものなのである。

そこに大黒さま（オオナムチ＝オオクニ）、恵比寿さま（スクナビコナ）の商売繁盛の力が備わり、さらに江戸庶民の生活を援助しているのだ。境内には銭形平次の碑まであったりするから、余計に親しみを感じさせるのかもしれない。

私が本年のお正月にお参りに行ったときには、本殿の左右に大黒様と恵比寿様が立ち鈴と笹を振っていた。〝よくできた人形だこと〟と思いきや、突然歩き出した。なんと人が扮《ふん》していたのだ。人々は鈴を振るたびに頭を下げる。これこそが日々の暮らしと神社の密接な関係であり、本質なのかもしれないと思わせる光景だった。

だからここは、困ったときや願掛けのときだけではなく、たとえば会社や学校の行き帰りに気軽にご挨拶するように参りたい神社なのである。どんな些細《ささい》なことでも、聞き届けてくれる、そんなスポットだ。

井草《いぐさ》八幡宮（東京都）

東京都杉並区善福寺1-33-1
03-3399-8133

約一万坪という、都内でも有数な広さを有するこの神社は、鳥居をくぐっただけで落ち着きを取り戻すことができる氣に満ちている。

南に善福寺《ぜんぷくじ》川の清流、今なお武蔵野の面影を色濃く残すが、創建当初は春日社を祀っていた。それが武神としての八幡神を祀ったことから、春日社の本質である人生の新風や新しいことへのエネルギーの注入にプラスして、勝負、とくに接戦のときに力を倍加させ、最終的に勝ちに出る力も加わった。その氣運をじっくり落ち着きながら、体に伝えることができる場所なのである。

困難なことや後ろめたいと思うようなことは、きれいさっぱりリセットしてくれ、失敗を再起に変え、成功への道しるべを示してくれたりする。

人生のカギを持つ大切な人との出会いへの感謝、お礼参りというキーワードも持ち、夫婦や仕事の仲間などと同じ思いで参るとより効果が現れる。さらに今後、大切な位置づけとなる人との出会いのチャンスを与えてくれたり、生涯の伴侶との出会いのタイミングも整えてくれるのだ。

それを上手につかむコツが、ここの手水舎の場所に備わっている祓戸の大神への参拝にある。手を洗い口をゆすいだ後、瀬織津比咩神《せおりつひめのかみ》（セオリツ姫）、速開津比咩神《はやあきつひめのかみ》（ハヤアキツ姫）、気吹戸主神《いぶきどぬしのかみ》（イブキドヌシ）、速佐須良比咩神《はやさすらひめのかみ》（ハヤサスラ姫）の四神に祓いの祝詞をあげてから、拝殿に進むのがポイントである。

鶴岡《つるがおか》八幡宮(神奈川県)

神奈川県鎌倉市雪ノ下2-1-31
0467-22-0315

昭和40年代は、初詣客の数が日本一だった鶴岡八幡宮。治承4(1180)年、源頼朝《みなもとのよりとも》が、それまでの由比ヶ浜《ゆいがはま》から遷し創建した。

ここは行動力と出世運アップが期待される。

鎌倉駅方向から鳥居をくぐると、両側に池がある。右手に見えるのが源氏池、左手が平家池。まずは源氏池に浮かぶ旗上弁財天社へと足を進めるが、その裏にある「政子石」に注目。これは源頼朝が妻の政子《まさこ》の安産を祈ったとされる石であり、安産だけを祈願しに来た場合はここを拝するだけでもよいとされるほどの力を持つ。さらに夫婦円満、縁結びのご利益をいただくのなら当然、その後、大石段を上って本宮(上宮)まで。

樹齢1000年といわれた大イチョウが、強風で根こそぎ倒れたのは平成22(2010)年3月10日のこと。倒れた木は回復不能とされていたものの、移植1年後に幹から新芽が出、私が訪れたときも順調に成長していた。思わず拍手をした。まさにここそがパ

再生のパワーを感じさせる鶴岡八幡宮の大イチョウ

ワーの源でもある。

ここで木を拝み写真を撮ると、文字どおり生命力の強さ、再生の力が備わるのである。

さらに本宮を参ることで、一度くじけそうになった事柄や結果を、今一度やり直させてくれるチャンスを与えてくれる。ところがそれが案外、自分で望んでいるものとは異なることがある。しかし逆らうことなかれ！ それこそが、やり直した後、成功へつながる導きなのだから。

勝負ごと、学業、職種、健康などはすぐに結果が見える。たとえば自分で心に決めた学校の受験に失敗したとしよう。ここを拝んだ後に、「やっぱりあっちの学校がいいかも？」などという考えがふっと過《よぎ》ったら、それこそがお導きである。病院通いなどもそうだ。セカンドオピニオン、今まで通っていた病院を変えただけで状況が変わるという例もある。

それらの氣を確実に感じるためには、本宮の後ろ手にある宝物殿で歴史を見つめ直したり、今宮（新宮）神社に寄り、手を合わせたりするべき。今宮は承久の乱を起こし、その結果、敗れて死んだ後鳥羽上皇を祀っている。後鳥羽上皇は遺書の草稿には「魔縁となるかもしれない」と書かれていたという。

上皇の死後、鎌倉では幕府の重鎮たちが次々急死、これが遺書にある祟りだと恐れられた。その怨霊を鎮めるために鎌倉幕府が建立したものだが、ここを詣でることによって氣を肌で感じる能力が強まるのだ。

来宮《きのみや》神社（静岡県）

静岡県熱海市西山町43－1
0557－82－2241

ここは富士山を守る結界である。その幹を一周すると寿命が一年延びる、願いを込めて一周すると願いが叶うといわれる樹齢2000年以上といわれる神木の大楠のパワーが何しろ強い。第二の楠も同様に強大なパワーを放ち、迷いごとやモヤモヤ感がスーッと消えてゆく不思議な空間を持つ。

さらに境内そばを流れる糸川が、邪悪なものを洗い流してくれる。川を見ているだけで心が落ち着き、目の前の霧が晴れていくのだ。ここは山と水の両方の氣を持つパワースポットだといえよう。

迷いごとや心に引っかかっている事柄が消えてゆき、自分のエゴやわがままな部分をきれいにしてくれる力がある。そんなことから自然と金運や健康運、恋愛運がアップするのである。参道の脇の注連縄の張られた岩からも独特な氣が放たれ、そこで一礼するとパワー倍増。来宮《きのみや》は、〝木の宮〟であると同時に〝氣の宮〟であり、悪縁切りの〝忌の宮〟でもあるのだ。

真清田《ますみだ》神社（愛知県）

愛知県一宮市真清田1-2-1
0586-73-5196

主祭神、天火明命《あめのほあかりのみこと》（ホアカリ）の子孫は天孫族とされる。古くから人々に崇敬されてきた尾張《おわりの》國一宮だが、真清田《ますみだ》の命名の由来は、木曾川の灌漑《かんがい》用水による水田地帯として、清く澄んだ水によって水田を形成していたためだとされる。

流れに逆らわずに生きていける実力と、昇り龍の形に似た山、329mの金華《きんか》山を祖山とすることで、山と水の氣が集中する場所なのである。

たとえばあなたが政治家を志していたり、会社を興そうと考えていたり、また今の状況を、よりレベルアップさせようとしているなら、ここに拝するのがいい。

その思いがエネルギッシュであればあるほど、真剣であればあるほど、強力なパワーを受けることができる。反対にすぐに挫折したり妥協してしまう、そんな自分が嫌いだ！と思っている人も心根を頑強にしてくれる。

〝○○学校に合格したい〟、〝○○会社に就職したい〟、〝○○さんと結婚したい〟といった、現実的な願いを唱えるときは、できるだけ具体的に時間をかけて拝したい。その直後に叶えられることが多いからである。

物事を良い方向に推し進めるパワーが強力な分、道をたがえている場合は、すぐにあきらめさせられることもある。ところがそれが心の傷にならず、すぐに立ち直って前進できるようになる。まさに流れのままである。

建部《たけべ》大社（滋賀県）

滋賀県大津市神領1・16・1
077・545・0038

古代から交通の要衝だった日本一の湖、琵琶湖の瀬田の唐橋から東へ約500メートルの位置に建つ。鳥居から参道、手水で清めたあと、神門をくぐると、一瞬に空気が変わる。水の氣と清らかな風の氣が、潔《いさぎよ》さとすがすがしさを包んでいる。

ここは建部で〝たてべ〟とは読まない。〝たけべ〟が本当なのである。ここのご祭神がヤマトタケルだからこそ、〝たけべ〟。そのタケルの神霊を奉斎してきたのが、子孫の建部《たけるべ》氏だからだ。

タケルは16歳で熊襲《くまそ》を倒し、東夷を平定し32歳で伊勢の能褒野《のぼの》で亡くなったとされる。父である景行天皇はタケルの死を悲しみ、名代として建部を定めたと『日本書紀』にある。戦いのヒーロー、ヤマトタケルを祀るにふさわしい風格ただよう近江國一宮は、終戦直後の昭和20（1945）年に日本ではじめて発行された千円札の図柄にも、タケルの肖像画とともに印刷された。

この神社には、平安時代の末期、平家に捕らわれた14歳の源頼朝が、伊豆へ流刑される途上、訪れたという記録も残る。その際、源氏再興を強く祈願し、その願いが達成されたことから、ここは長く開運と出世、必勝の神社とされてきた。

人生、あきらめずに毎日を過ごしてゆけば必ずいい結果を出すことができる。くよくよせずに時を待て！　というパワーをいただけるのだ。人は誰もが幸せな生活、人生を望む。できれば苦難や悲哀は経験したくない。だが、人生にそれらはつきものなのである。人生航路を阻《はば》む荒波が立ちはだかるものなのである。

そんな波を押しのけて願いを叶えてくれるのが、ここの願い石。

まずは拝殿、さらに奥の本殿の前まで進み、ヤマトタケルを祀る正面左手の社殿に拝み、右社に鎮座するオオクニにその力を支えていただき、社務所で1000円を払い、願い石を分けてもらおう。その石にしっかり願いごとを書き記すのである。

普通、大抵の神社ではそれをこの場に納めて帰るのだが、ここは異なる。その石を自宅へ一度持ち帰るのだ。その石を神棚や、自分の目より上の場所に置き、毎日朝夕その願いが成就するように手を合わせるのだ。

そして願いごとが叶ったときには、その石を持って再度、大社を訪れるのである。それもできるだけ早く神社にお返しすること。まずは石を持ったままで、一度お礼参りを済ませ、その後に願い石を返す。さらに神前で祈願が成就した報告と家内安全を祈るのである。

病気の快癒や長寿を願う人は、本殿真裏にある天然記念物の菊花石《きつかせき》に向かって拝するとよい。自然に菊の花のような模様が出たという珍しい石でそのパワーは絶大。さらに境内より湧き出る霊水は、病いを治癒させるとされ、私が訪れたときにもペットボトルで水を汲《く》む人たちに何人も出会った。

この大社の大宮力《ちからね》禰宜《ぎ》もフェイスブック上で「友達」になった一人だったが、こんな話を教えてくれた。

景行天皇46（116）年に最初に建部社が祀られた場所（建部郷千草《ちぐさ》嶽＝現・東近江《ひがしおうみ》市五個荘伊野部《ごかしょういのべ》町簑作山《みつくり》）から、現在のこの地に遷座されたのは天武天皇4年（675年）のこと。それまでここには、地主神を祀った大野神社があったという。

現在、その大野神社は、建部神社から車で約30分の栗東《りっとう》市荒張《あらはり》に建っている。深い緑に包まれ、ひっそりとした佇まい。大宮力禰宜は、その大野神社の宮司の次男だと言うのである。

「兄があちらの禰宜でして」

「えっ？　あの国民的人気グループ、嵐のファンでごった返しているという、話題の大野神社の禰宜さんの弟が力さん？」

「はい」。早速、そこにも足を運ばなくては……。

大野神社（滋賀県）

滋賀県栗東市荒張895
077-558-0408

菅原道真公を祭神とし、国の重要文化財にして、滋賀県内にある現存する最古の楼門がある由緒ある神社が今、文字どおり参拝客の嵐を巻き起こしている。

そのきっかけは、人気グループ、嵐のメンバーの名前に関する偶然の一致から。

嵐のリーダー大野智《おおのさとし》さんと同じ苗字の神社だというのがまずは発火点。

いや、ほかにもメンバーの苗字からなる櫻井《さくらい》神社（大阪、兵庫、福岡など）、二宮《にのみや》神社（千葉、兵庫など）、松本《まつもと》神社（長野、京都など）、御前《みさき》神社の境内社である相葉《あいば》神社（福井）などがあり、それぞれファンにとっては気になる神社だったらしい。

ところがここ大野神社の禰宜の名前が大宮聰《さとし》さん。建部神社の大宮力さんのお兄さんである。〝さとし〟は、嵐の大野君と同じ名前の読み、さらに大野君とニノこと二宮君の「大宮SK」というユニット名と同じ苗字なのである。

参拝したファンがこのことをブログで紹介して、一躍注目神社になったのである。そのうち「参拝したらチケットが買えた」という噂《うわさ》が広がり、コンサートチケットの申し込み日には、大勢の嵐ファンが境内に押し寄せて、一斉に携帯電話で申し込む光景が繰り広げられるようになった。絵馬を見ても、嵐メンバーの健康祈願や「コンサートに行けますように」といった内容が書かれている。

そこで何度も足を運ぶファンからの要望で、神社ではとうとう嵐のイメージカラーである赤、青、黄、緑、紫の5色のお守りを揃え、まるで嵐の「聖地」とされるようになったのである。

しかしながら、やはりここでも「どうせパワーをいただきたいのなら」と思う光景にぶつかる。鳥居はもちろん、「トイレで手を洗ったからいいよね」とお手水も知らんぷり、本殿に参拝もしないうちからお守りやご朱印、絵馬に願いを書きに行っては、わざわざここまで来た甲斐もない。こうなったらパワー伝授でゲットしよう！

それにしても大宮兄弟は、ふたりとも気さくでなかなかのイケメンさん。こうなったら大野神社に詣でた後は、その元宮が建つ建部神社をスルーできなくなる。

いやいや、実は嵐ファンの両参りはひそかに増加しているのは事実らしいが……。

建部の禰宜の力さんにも力をいただきに行くべし⁉

日吉《ひよし》大社（滋賀県）

滋賀県大津市坂本5－1－1
077－578－0009

全国に三千八百余社があるという山王社の総本宮。日吉神社、日枝神社、山王社の総本宮である。ここ日吉大社には約40の社があり、すべての神様を総称して日吉大神と呼ぶ。

世に言う山王二十一社とは上七社、中七社、下七社の総称だが、中でも上七社は重要な位置を占める。すなわち西本宮を筆頭にして、東本宮、宇佐宮、牛尾宮、白山宮、樹下《じゅげ》宮《ぐう》、三宮宮だが、それぞれに神輿《みこし》を有しているほどなのだ。

ここは日枝神社の名の由来でもある比叡山の麓に建つが、比叡山の地主神である大山咋《おおやまくい》神（オオヤマクイ）は、東本宮に祀られている。

神仏習合の信仰を表す独特の形をした、合掌鳥居とも呼ばれる山王鳥居をくぐり、オオナムチ（＝オオクニ）が祀られる西本宮からお参りするのが一般的ではあるが、実はこの比叡山を守るための浄化のパワーが強い東本宮にお参りを先に済ませるのがよりパワーをいただく秘訣ともいわれる。

現に神社で頂ける参拝マップにも、参拝コースとして東受付から回るものと西受付から始めるもののふたとおりが書かれている。車の場合は東受付を通ることになる。駐車場に車を止めて、まずは走井橋《はしりい》近くの神木の隣にある走井祓殿社で身を清めることから始めなければならない。それから東本宮へと向かうのである。

東本宮の神、オオヤマクイの〝クイ〟は、山の木や麓の田畑を〝グイグイ〟延ばすという意味でもある。そのためここは、小さな運を大きく伸ばす、いい方向へ引っ張り上げてくれる力がある。〝クイ〟を〝食（喰）い〟とも考えられるのは五穀豊穣を表している。オオヤマクイの両親は、稲の神と水の神だ。

はたまた、〝クイ〟を〝悔い〟とすることで、今までの過去を悔い改め、新しい一歩を踏み出すのである。その後、オオヤマクイの妻神、鴨玉依姫神《かもたまよりびめのかみ》（タマヨリ）の樹下宮を次に参る。その向かいに立つ二本のナギの木にもしっかりと一礼することを忘れないでほしい。

特に恋の悩み、愛する人との出会いや結婚を胸に秘めての参拝ならばなおさらである。この雄梛（オナギ）は女性が男性を、雌梛（メナギ）は男性が女性の幸せを祈る木とされ、梛の葉守りというお守りは夫婦和合と縁結びに効力があるとされる。

お守りが売っている東授与所でまずは東本宮のご朱印をいただくが、ここは東西ほかにも白山、宇佐などの宮のご朱印すべてを書いていただける。

次に牛尾宮、三宮宮の遥拝所がある。ここから約30分の八王子山上の急斜面に2つの社がある。その間にある高さ10メートルほどの金大巌《こがねのおおいわ》は、小さな運氣を短い期間で大きく育ててくれる力を持つ。一発逆転のチャンスとでもいおうか?

ただしそこまで時間的に余裕がない場合は、遥拝所でしっかりと拝むことである。心でしっかりと金大巌をイメージして、拝むことが必須。

白山宮は私にとっての導きの神でもあるが、まさにここから発せられているのは間違った道を正し、進むべき道を教えてくれるパワーである。さらに宇佐宮が発する独特な氣。前著にも著したとおり、大分県の宇佐神宮を詣で、さらに奥宮へと昇ったときに感じた、〝誰かが後ろから見ている〟と感じさせる神の氣配にも似たものを感じさせてくれた。

そしてしんがり、西本宮である。ここの氣はすべての頂点、みなを従えているオオナムチ(=オオクニ)の度量の大きさを感じさせてくれる。まるで大陸的とでもいうべきおおらかですべてを包み込むような強さとやさしさが同居しているのだ。ここの授与所で西本宮などのご朱印をいただいて、あざやかな楼門をくぐって参道に出るのである。

「魔が去る」で縁起がよいとされる楼門の神猿

その楼門では必ず上を向いてほしい。楼門の四隅の軒下に猿がいる。このお猿さん、神猿《まさる》という。大社の神様のお使いが猿なのである。

比叡山に多く生息した猿は、魔除けの象徴であり、〝まさる〟から〝魔が去る〟、さらに〝勝る〟へと変じて行った。ここを通るときに、願を掛けることで、厄除け、勝負運が授かる。縁起のよさから猿のお守りを求める人も多い。少し歩くとホンモノのお猿さんが飼われており、ここを神猿舎と呼ぶ。

山王鳥居で振り返って一揖し、先ほどの神木と走井祓殿社の前に着く。

右側の杉の木の枝は大きく走井橋に沿うように伸びている。まるで横たわっているようだ。その巨大さ、その形はまさに神がかり。驚きを通り越す。まるで龍のようなのだ。下を流れる大宮川の涼やかで清い流れによる水の氣と大木の氣が混ざり合って、一種幻想的なパワーを感じさせる。そのとき、私の足元をくねるものが……。

蛇である。龍の化身か、水の神か。いつもはどちらかといえばあまり得意ではないヘビの出現だったが、そのときは両の手を合わせて、ヘビが川へと入ってゆく様子をしっかりと見せていただいた。おまけにしっかり、写真まで撮らせていただいた。

この20日後、まるで導かれるように訪ねることになるのが、宮崎県西都市《さいとし》にある西都原《さいとばる》古墳群の男狭穂塚《おさほづか》、女狭穂塚《めさほづか》の裏側にある民家。そこが白蛇大神という場所だった。

日本最大の帆立貝型古墳である男狭穂塚は、天孫降臨したニニギの陵墓参考地とされ。九州最大の前方後円墳である女狭穂塚がその妻、コノハナサクヤ姫の墓の候補地とされる。その管理をしているのが、その裏手に建つ西村宅。この近隣で発見された白蛇を育て神の使いと大切に育てているのだが、道に迷ってその家の前にたどり着いたのである。

そこで私ははじめて白蛇様をじかに触らせていただき、西村さんが「お財布を出してください」とおっしゃられたので、財布を出すとその上に白蛇様を這《は》わせてくださった。これも日吉さんのご利益なのだろうか?

神の使いとして育てられている白蛇

日吉のヘビとニニギのもとに生息する白蛇、このふたつの蛇神様に出会うちょうど真ん中の日に、日吉の神、オオクニを祀る本社、出雲の千家家と、白蛇大神にお会いした場所に眠るとされるニニギからつながる高円宮家の典子さまが結ばれることが発表された。これも単なる偶然とはさすがに思えなかった。

八《や》坂《さか》神社（京都府）

京都府京都市東山区祇園町北側625
075・561・6155

日本三大祭りとして7月1日～31日の1カ月にわたってくり広げられる祇園祭で有名なこの神社は、出雲のスサノオ、クシイナダ姫夫妻を祀っている。

656年に建てられた祇園感神院《かんじんいん》がルーツとされ、神仏習合時代には祇園社と呼ばれていた。そのため今なお、〝祇園さん〟の名で親しまれ、ご朱印も祇園社と書かれる。インドの祇園精舎の守護神、牛頭《ごず》天王が、神仏習合のときまでスサノオと同一神とされていた名残りであろう。ここにはスサノオの本質である、やんちゃで明るい氣が溢れている。ダイナミックで元気な動のイメージである。そのため、ここを詣でると健康運がアップする。

それは体のことだけではない、心の健康にも抜群な効き目を与えてくれるのだ。だからちょっと落ち込んだとき、疲れたときには、明日の活力をいただきに行こう。そんな庶民のための神社なのである。ここを訪ねるだけで気持ちが晴れやかになってくるのだ。

八坂神社の鎮まる東山の地は、青龍の宿る場所とされ、龍穴があるといわれる。古くか

美しくなれるというご利益があるとされる八坂神社の美容水

らここの本殿の床下に、池が隠されていると言われるのだ。

その龍穴に通じているとされるのが、祇園神水と呼ばれる湧き水である。これを呑むことによって、パワーがさらにアップするのだ。さらに女性におすすめなのが、境内にある美《うつくし》御前《ごぜん》社の美容水。その名のとおり、美人になれると、舞妓はん、芸妓さんはじめ全女性に大人気のスポットだ。

ここは宗像大社、厳島神社の祭神、市杵島《いちきしま》姫《ひめ》（イチキ姫）、湍津姫《たぎつひめ》（タギツ姫）、田心姫《たごりひめ》（タゴリ姫）の三女神が祀られるが、こちらは飲料ではないので注意！　2、3滴顔につければそれだけで効果あり！

松尾大社《まつのおたいしゃ》（京都府）

京都府京都市西京区嵐山宮町3
075・871・5016

桂川を渡って松尾山に抱かれるように建つ松尾大社は、〝まつのおたいしゃ〟と読むのが本当。山の雄大さと長い歴史を感じさせる松尾造りと称される独特な両流造りの社殿は室町時代に建てられたもの。オオヤマクイとイチキシマ姫を祀るが、社が建つまでは松尾山の山霊を、頂上近くにある大杉谷の上部の磐座《いわくら》に祀っていた。オオヤマクイは基礎を築く力をサポートしてくれる神様である。実行力やひらめきを与えてくれるのである。

実際、私がここを訪ねたのもひらめきからだった。実はここに到着した時間は、夕方5時を過ぎていたのだ。ご朱印をいただくのは普通5時までである。やはり社務所は閉まっていた。ところが本殿を拝んでいると若い神職が境内を歩いてきた。ちょっと失礼かとは思ったのだが、駄目でもともと、ご朱印をお願いしてみた。実行力である。するとご朱印をいただけたのであった。

その際は、元宮というべき磐座へは登拝できなかったが、9時から3時までに受付し、

1000円の入山料を支払うとお参りが可能だという。ただ、ひとりでの登拝は許されない。危険を伴うからである。「登拝許可証」と「小忌衣」を貸し出されるが、カメラなどでの撮影は禁止。厳かなのである。

そこに登る場合は、気持ちをしっかりと落ち着かせ、生きていることへの感謝を拝すること。この場所でよく自然と涙がこぼれて仕方ないという人がいる。それは生活への不安や不満を取り除いてくれている証しでもあるのだ。

ここに登拝できないときには、それと同じようなパワーを十分感じる場所として、霊亀《れいき》の滝へ参ろう。山から流れる清らかな水が滝となり、不思議なやさしさと心の底から湧き出るようなやる氣を起こさせてくれるのだ。滝の近くにある、亀の井という霊泉もあるが、ここはそれまでの失敗や転落を浄化させ、甦りの活路を見出してくれる。

またここは醸造の祖神ともされる。5、6世紀の頃、新羅《しらぎ》の豪族とされる秦《はた》氏の大集団が、朝廷の招きによって、新しい文化をもってこの地の開拓に従事、酒造りがそのときに日本に伝えられたとされるからである。

過去を清算したい、今までと全く違う生活を実行したいと思う人は、ここで授かるひらめきを信じよう。

高天彦《たかまひこ》神社（奈良県）

奈良県御所市北窪158
0745-66-0609

神々が住まう天上の国とされる高天原《たかまがはら》の伝承地のひとつである。タカミムスヒを祭神とするが、この神社名からして、元は高天彦という名の神を祀っていたとも考えられる。高天彦はここ葛城の地を守護する地主神で、大和朝廷前にあった葛城王朝の祖神と考えられるのだ。ここには、また全く違った氣が充満している。背後の円錐型の白雲嶽がご神体なのだが、その山と神社が一体化しているのである。

質素な境内で、社も決して大きくはない。しかしそんなことは関係ないのだ。パワーはパワーだということを肌で感じさせてくれる社なのである。

鳥居の右手には「幸せを呼ぶカエル石」があり、それを撫《な》でると願いごとが叶うという。また土蜘蛛《つちぐも》を埋めたとされる蜘蛛塚にも独特なパワーがある。土蜘蛛とは、日本の先住の人々とされている。何だか怪異な香りを放つ空間なのである。

ここの神社は人生の歩く道、どちらがいいのだろうか？　と迷っているときに道しるべを示してくれる。人生の出会いを決めてくれるのだ。さらにここには、自分の力では到底答えが見つからないようなものや思いもよらない、自分にとって必要な事柄を教えてくれるアビリティーが授かる。人生が苦しい、思いどおりにならないと思っているときは、心を静めて参るのがいい。

お守りやご朱印は、ここから車で10分ほどの高鴨《たかかも》神社でいただけるが、ここの神社の千年杉は、近寄っただけで体がスーッと軽くなる。健康に気をつけたい人たち、病気で悩んでいる人や特に精神的に病んでいたりストレスが溜まっている、すぐにイライラ感が募る人に氣を注入してくれる。

境内にある大きな池には能舞台が作られている。ここには過去を取り除く効果がある。恋人と別れたり、勇気を持って告白したのにいい返事がもらえなかったりして落ち込んでいるときなどに効果がある。能舞台ということから芸能、芸術関係の仕事をしている人、著述業や写真家、プロデューサーなどにも新しい発想力を与えてくれる。夕刻に訪ねると一風変わったパワーが倍増している。

丹生川上神社《にうかわかみ》(奈良県)

(下社) 奈良県吉野郡下市町大字長谷1-1
0747-58-0823

奈良県内には丹生川上《にうかわかみ》神社という名を持つ神社が3カ所もある。丹生川上神社は天武《てんむ》天皇の時代、白鳳年間の創建と伝わり、平安時代以降は京都の貴船《きぶね》神社とともに国の水神の祭礼を司る神社として「延喜式」にも記されていた社だ。ところが室町時代の応仁の乱で奉幣《ほうべい》が途絶えて、その名を歴史から消し所在不明となった謎の宮なのである。

その後、明治になり川上村の上社、東吉野村の中社、下市町の下社が3カ所で祀られるようになった。

上社は明治のはじめまでは高龗《たかお》神社と呼ばれる小さな祠《ほこら》だったが、ダム建設を行なうときに、境内から宮《みや》の平《だいら》遺跡が発掘され、本殿跡の真下の位置に平安時代後期(11世紀末)より前に遡《さかのぼ》る自然石を敷き並べた祭壇跡が出土した。

丹生とは元来、〝水銀のある場所〟を意味するという。

明治初期、官幣大社だった現在の下社、丹生川上神社の少宮司が、下社の鎮座地が平安時代に書かれた『類聚三代格』に記される丹生川上神社の所領や上地の東西南北の境界が合致しないとして、高龗神社を式内丹生川上神社に比定し、下社所轄の神社としたのだ。

現在の下社を口の宮、上社を奥の宮とし、明治29（1896）年、現在の下社と上社を合わせて官幣大社　丹生川上神社となったのである。

ところが、大正になって『丹生川上神社考』（森口奈良吉《もりぐちならきち》著）に「蟻通《ありどおし》神社こそが丹生川上社」と唱えられたことから、上社下社が中社に包括される形で、改めて3社合わせて「官幣大社丹生川上神社」となった。

中社の蟻通とは昔話の「姥捨山《うばすてやま》」の話に出てくるもの。老人を山に捨ててくるという決まりが作られたが、ある息子は一度山に捨てた老母を不憫《ふびん》がり、家の縁の下にかくまって住まわせた。あるとき隣の国が征服を狙い、知恵試しの難題をふっかけてきた。困ったこの殿様は「この難題を解決した者には、何でも願いを叶える」とお触れを出す。曲がりくねって、中に細い穴のあいた玉に紐を通せというものだった。

息子はこっそり母に相談した。すると「そんなものは簡単じゃ。穴の一方に甘い蜜をつけ、もう一方から糸を結びつけた蟻を入れるといい」。蟻は蜜の甘い香りに誘われ玉の中を見事に通り抜け、紐を通した。ほかにも〝叩かずにして鳴る太鼓〟などどんどんと難題を出したが、どれも母の知恵で解決し、隣国は「これは相当な知恵者がいるな」と征服をあきらめたという。これを隣国ではなく、今の中国の唐の皇帝の征服話とするものもあるし、民ではなく中将とする説もあるが、いずれも「老人の知恵は重んじなければならない」という結末を迎え、母は死を免《まぬが》れる。つまりこれが蟻通と呼ばれるものだ。

下社は、奈良天理方面から天川《てんかわ》への途中にある。この神社をはじめて通ったとき、ビビッと来てすぐに車を止めてお参りした。神社の前を流れる川の氣が地上に舞っているのを感じたのだ。さらに拝殿に近づいてもっと驚いた。本殿はこの上にあるようなのだが、山に向かって、まるでロープウェイのように屋根が山伝いに社殿が上まで伸びているのだ。

その先が本殿なのか？

なんと本殿は丹生山の山頂にあるのだ。そこまで屋根つきの階段が山に沿って続く珍しい建築様式なのである。それはまるで川から空へ龍が昇ってゆく道筋のようなのだ。階段は75段あるという。

『続日本紀』には、祈雨、祈晴（止雨）の臨時祭に馬を奉納したとの記録が残っている。雨乞いには黒馬が、晴れ乞いには白馬が献上されていた。丹生川上神社下社は、毎年6月1日が例祭で、2012年に文献に残る最後の記録から562年ぶりに白馬が献上され

丹生川上神社正面、屋根の上から木の中に屋根がのびているのが分かるだろうか？

横から見ると山へと階段が傾いて上がっているのがわかる

た。本殿へと続く階段は普通閉ざされているが、年に1度の例祭の儀式終了後だけ開放され、本殿に直接参拝できる。清らかな丹生の風と川の音を感じながらパワーを体感してほしい場所だ。

大鳥《おおとり》大社（大阪府）

大阪府堺市西区鳳北町1-1-2
072-262-0040

和泉國一宮であるこの大社は、全国にある大鳥、鷲《おおとり》、白鳥《しらとり》の名を持つ神社の総本社である。ご祭神のヤマトタケルは伊勢で没するが、臨終のときにその霊魂は白い大鳥となって飛び立ったという。その白鳥は各地に立ち寄った後、最終的に和泉の地、大阪に舞い降りた。各地のこの系列神社は白鳥が途中で羽を休めた場所とされる。

おそらくヤマトタケルの家来衆が、没後、各地に居を求め、最終的にこの地にたどり着いたと見るのがいいだろうか？

一万五千坪もあるというこの神社には、潔さという氣流が流れている。白鳥が舞い降りたとき一夜にして生い茂ったという「千種《ちぐさ》の森」は、文字どおりたくさんの種類の植物が豊富だ。これは隠れる場所であり、新たな生活の基盤を作るという意味合いを持つ。

何かの目標に敗れた場合、ここに参ることで新しい生活基盤の礎を教えてくれる。

特に境内神社として建つアマテラスを祀る美波比《みはひ》神社から放散されている神気は、恋の終結や新たな恋の出発、出会いに力を与えてくれる。白鳥のように優雅で華麗な美しさを授けてくれる納得の神社である。

方違《ほうちがい》神社（大阪府）

大阪府堺市堺区北三国ヶ丘町２-２-１
０７２-２３２-１２１６

全国各地に方角の吉凶にご利益がある神社はあるが、ここはちょっと違った風格を持っている。何しろ、全国各地からここに方位を尋ねに来る人が絶えないのだ。

ここは昔、百舌鳥耳原《もずのみみはら》、または石津原《いしづはら》と称されていた地域。ここに接する摂津住吉《せっつすみよし》にも河内丹治比《かわちたじひ》にも和泉大鳥《いずみおおとり》にも属さない、その三国の境界に位置する、三国丘《みくにがおか》という方位のない清地だったのである。

そのためこの地の土、さらに菰《まこも》の葉で作った粽《ちまき》によって、悪い方位を祓うという方災除けの信仰がなされてきた。転居、新築、さらに旅行などの際の方角によって待っている悪災を払うには、特に強い力を発揮する。凶の方角を吉方角へと転化させるのである。

お札や粽、お砂などが「おさがり」として渡されるが、お砂は新しく建築しようとしている土地の四隅、また家の周囲に撒《ま》くことでその地を清浄化してくれる。マンションの場合は、玄関やベランダに撒き、粽を玄関の内側の上部や鬼門とされる方角に貼ることで難を逃れる。

方位というのは、決して転居や旅行だけではない。人生の方位というものがあるのだ。これは間違った人生の方位に向かってしまうと災いが起きるということだ。たとえば間違った方位に仕事場を持つことだけで、業績が上がらなかったり思わぬ失敗をくり返したりしてしまう。人間関係で悩むことにもなる。

学業であれば、たとえば合格できる力を持ちながら、方角の違いによって合格することができない。たとえ合格したとしても、勉強についてゆけなかったり、登下校中に事故に遭ったりすることになる。

恋愛とて同様。間違った方位に進むことで、人生を狂わす人と出会ってしまったり、最終的に悲しい別れを体験することになってしまう。

病いなどもそうなのだ。治るものも治らない病院へ方位的に通わされることがある。たとえ治療法があっていたとしても方角が悪いために死に至ることまであるのだ。「もう少し早くこっちの病院に変えていたら……」などとも言われる。

セカンドオピニオンが大切であるとされるのは、実は病気の診察の間違いだけではないのだ。方角のせいで病気の巣の発見が遅れてしまうこともあるからだと思う。

つまりどんな人生の歩み方も、方違《かたたが》いを修正することで、今まで吉と出なかった結果が百八十度転換することがあるのだ。

そんなときにこの神社を詣でて、方位の災いから救ってもらうのである。とても気になるパワー神社である。

田村《たむら》神社（香川県）

香川県高松市一宮町286
087-885-1541

古くは「定水井《さだみずのい》」という井戸にいかだを浮かべて、その上に神を祀ったという。その後、和銅2（709）年になって行基《ぎょうき》が社殿を創建した。

今もその深淵である「定水井」は奥殿の下に残っている。ここがご神体とされる。板でそれは覆われ、殿内は夏といえども冷え冷えとした空氣を放っている。そこには龍神が住むとされ、覗《のぞ》いた者は必ず絶命すると言われていることから、今まで開かれたことがない。いや、試した人はいるが、やはりすぐに亡くなったと記録される。古くから神秘をたたえているのである。

讃岐は雨が少なかったため古代から溜池を作って農耕を営んできた。ところがここの付近だけは香東川《こうとう》の伏流水が多く、農耕に欠かせない湧水が絶えなかった。

ここを拝すると、何しろその水の力が大きく与えられる。その力とはまさに生命力につながる。自分の中ではどうすることもできないような出来事を元の状態に戻す力や活力を進上してくれるのだ。

さらに龍神像に小判を奉納することで、財運招聘《しょうへい》、商売隆昌、厄難消滅、昇運招福などのご利益を受けることができるのだ。

ここには5柱の神が祀られるが、その中に五十狭芹彦命《いさせりびこのみこと》（ヒコイサセリビコ）という名の神がいる。ヒコイサセリビコは、やはり5柱の中のひと柱、倭迹迹日百襲姫命《やまとととひももそひめのみこと》（ヤマトトトヒモモソ姫）の弟で、西海を鎮定した吉備国の祖神とされる吉備津彦命《きびつひこのみこと》（キビツヒコ）の本名とされる。彼こそが昔話の「桃太郎」なのである。

この境内には犬、キジ、サルを従えた桃太郎とその姉の石像が建ち、そこからは強い心を持つ力が感じられる。

田村神社の倭迹迹日百襲姫命と吉備津彦命の像

また讃岐七福神や弁天像にも願うことにより、それまで考えあぐねていたことが「そんなことだったのか？」と思うほど、簡単に結果が出てくるのだ。

ここのお守りは100種類ほどあるが、特に四つ葉のクローバーを押し花にして縫いつけてある幸福守が女性に人気がある。

八坂神社（高知県）

高知県長岡郡大豊町杉794
0887-72-1585

土佐は吉野川支流の穴内川《あなないがわ》の左岸、ＪＲ土讃線大杉駅より徒歩約15分、国道32号線沿いの小山に鎮座する八坂神社。当然、先に紹介した京都の八坂神社の分社ではあるのだが、ここの神社はちょっと趣きが異なる。

何しろ境内には、スサノオが自ら手植えしたと伝わる日本一の大杉があるのだから。樹齢3000年。八坂神社特有の牛頭《ごず》天王ことスサノオの一種、恐怖感すら覚える驚異的パワーを持つ深閑とした境内に、どっしりと根をおろしたかのような巨木。神話「ヤマタノオロチ」すら退治したスサノオの魂が宿って、木の上から、木の右側から、木の左から、いや土の中からまでこちらに睨みをきかせているような、そんな錯覚に陥る。

氣を落ち着かせて耳をすますと、遠い世界から〝ドクドク〟と、まるで太古の歴史の鼓動が聞こえてくるようだ。それはなぜかマグマのようでもある。私が訪ねたのが、そろそろ日が翳《かげ》る夕方刻《ゆうがたどき》だったためだろうか？　ほかの参拝者もない静寂のためか？　力強いエネルギーが人の心の中にある自分では気がつかない何かをゆるがしている。圧倒的迫力なのだ。

この杉はそれぞれ南大杉、北大杉と呼ばれる二株の大杉からなり、二株が根元で合着している。俗に夫婦杉とも呼ばれているが、この名称もおぼつかないと思うほどのパワーを発している。全く世界観が違うのである。

南大杉は根元の周囲約20メートル、樹高約60メートル。北大杉は根元の周囲約16・5メートル、樹高は約57メートルもある。想像を絶する。

神社の創建は不詳。一説によれば、延喜12（912）年に大杉のもとに、祇園の牛頭天王及び貴船大明神の尊像を祀ったのをはじめとする。どちらにしてもすでにその時期に、この木は大きかったことになる。

まずは本殿を参ってから、大木へと向かう間に、声を出して願いごとを言うと叶うとされる恵比寿像を拝み、大杉の前に立つ。ここで心から大きな望みを唱えるのだ。いや、望みや悩みを聞いていただくというニュアンスのほうが正しいかもしれない。

杉は〝素氣〟ともされる、素には混じりけのない、または生まれたてといった意味があ

八坂神社の大杉。筆者と比べるとどれほどの大木かが分かる

る。つまり大杉の力で、真っ白な何ものにも汚されていない清新な氣をいただき、その目標を叶える術への教え、道筋をつけていただくのだ。

ただしその願いは、〝絶対こうなりたい〟、〝こういう結果がほしい〟というような具体性に富み、それを成就させるための強い意志を伴っていなくてはならない。

スサノオが宿るこの力は、中途半端な気持ちでは反対に突き返されてしまうのである。並大抵ではないのだ。真っ白でからっぽな状態、いわば素になった体の中に、その大願成就のため、いかなる手立て、方法を使ったとしても必ず願いごとを到達させるパワーがある。ただその願いを果たすために、時には犠牲をも伴うことがあるほどである。

本当に、その願いをしっかりとお願いするべきか、自分にとってそれが最大限の望みなのか？　そのぐらいの覚悟が必要だということである。私は「これからも楽しく健康で、お導きのとおりに歩かせてください」というのがやっとだった。

ここを出てすぐの場所に大歌手、美空《みそら》ひばりが昭和27（1952）年、14歳の頃に訪れたときの写真が遺影碑として建てられ、その隣には「川の流れのように」の歌碑がある。美空ひばりはこの大杉に、「日本一の歌手になれますように」という大願を祈ったのである。

ひばりはレコードデビュー前の昭和22（1947）年9月、10歳のとき、戦前からの日本調のスター歌手だった「船頭可愛いや」「博多夜船」、ちょうどこの時期には「炭坑節」などを大ヒットさせていた音丸《おとまる》の歌謡ショーの前座歌手として四国巡業に出向いていた。まだ美空和枝《かずえ》と名のっていた頃だ。そのとき、この町でバスの転落事故に遭い九死に一生を得たのである。もうすぐ駅という地点で前からきたトラックとバスが衝突し、はずみで谷底へと横転したのである。

かろうじて大きな桜の木に引っかかったものの、和枝は大人たちの下敷きになり、ガラスの破片で左手首を切り気絶。瞳孔《どうこう》も開き仮死状態となった。たまたま村に居合わせた医師の救命措置で何とか意識を取り戻したのである。1ヶ月半の療養後、和枝は「日本一の歌手になれますように……」とこの杉に大願をかけた。帰京後、美空ひばりと改名、文字どおり日本一のスター歌手への道を邁進してゆくのである。

そして14歳のとき、当時お世話になった方々への挨拶をかね、ここを訪れ、ふたたび意志を大杉に伝えたのだ。2度も同じ大望を真剣に拝んだひばりは、まぎれもなく昭和歌謡史に大きな足跡を残す日本一の歌手となったが、平成元（1989）年、52歳の若さで天高く飛び立った。この空間の絶対的な圧倒感には、スサノオの神とともにひょっとしたら歌の神、美空ひばりのパワーをも混在されているのかもしれないと私は思った。

高千穂神社（宮崎県）

宮崎県西臼杵郡高千穂町三田井1037
0982-72-2413

天孫降臨の地と伝わる高千穂の郷には、ここ何年も毎年訪ねる機会に恵まれている。おすすめのスピリチュアルスポットである。

神代の伝説に彩られたエネルギーが放たれているこの郷は、アマテラスが身を隠した天の岩戸や、アマテラスを岩から出すために神々が集まって相談した天安河原《あまのやすかわら》、国見ケ丘や涼やかな高千穂峡、眞名井の滝など、まさに神々がこの地に集っていたことを肌で感じさせる凜《りん》とした空気が漂っている。

そんな中でかつて高千穂の郷（現在の高千穂町、日之影《ひのかげ》町、五ヶ瀬《ごかせ》町、諸塚《もろつか》村）にあった格の高い八十八の神社の総社として、垂仁天皇によって約1900年前に創建されたというのが高千穂神社。

先日も1年ぶりにこの神社を訪ねたが、それまでの印象よりさらに品格と風格を備え、パワーが充満していることに驚いた。時の流れの重厚さとでも言うべきか？

確かに前年、ここを訪れたときにまだ私は『神社の謎』を書いていなかった。自分の中の何かが変わったのだろうか？

2005年の台風の被害で全線廃止になった高千穂鉄道がなくなり、近郊都市の延岡からはバスの運行だけとなったが、それまでの観光客気分の参拝者が減った分、どんどんと神秘性を高めているのかもしれない。

この神社の主祭神は、初代の神武天皇の兄に当たる三毛入野命《みけぬのみこと》（ミケヌ）。この地で悪行を働いていた鬼八《きはち》を退治したという伝説が残るが、この神社本殿に向かって右手に回ると、鬼八を踏みつけ、こらしめているミケヌが浮き彫りにされている。

悪を懲らしめ、平和国家への道を歩み出したミケヌ兄弟たちの神々《こうごう》しいまでの力をいただきに行こう。奪い合うことのみにくさ、協力することのすばらしさを思い出させてくれ、自分自身の大切な今後のルートをしっかりと教えてくれる。

〝自分って、何やってるんだろう？〟と、ちょっと悲しくなったり落ち込んだりしたとき、人間の本質、あなたの本質に潜んでいるやさしさ、才能を引き出してくれるのだ。いや、これも思い出させてくれると言ったほうが適切だ。

ストレスが解消され、悩みが吹っ飛んでゆくのを感じるはずだ。まるで心のゆとりと落ち着きを取り戻してくれるパワーに満ちているのだ。

実は今回さらなるパワーアップを感じさせたのが拝殿に向かって右側にある秩父杉である。そこから発せられる偉力が、疲れや難関をいい方向に導いているのだ。

夫婦杉の周りを3周すると愛は永遠だとされるが、カップルのみならず仕事上のパートナーや生活を共にする友人同士なども絆を強めることになる。

新しい出会い、良縁が舞い込む力もある。

毎晩20時からは、本殿横の神楽殿で天の岩戸の観光神楽が奉納されている。何度見ても楽しめる。是非とも。

高千穂神社社殿には鬼八を踏みつける三毛入野命が彫られている

宮崎《みやざき》神宮（宮崎県）

宮崎県宮崎市神宮2・4・1
0985・27・4004

九州には宗像大社、宇佐神宮、高千穂神社はじめ、ここぞ！　という神社が数多いが、現在執筆中の「神話でめぐる～神社の謎～」（仮題）のために『古事記』『日本書紀』に書かれている神を祀った神社をめぐった中で印象深い神社をここでいくつか紹介しておこう。

宮崎神社のご祭神は神日本磐余彦天皇《かむやまといわれひこのすめらみこと》（イワレヒコ）という。イワレヒコこそが、アマテラスの五代目の孫で初代の天皇とされる神武《じんむ》天皇なのである。そのため古来は神武天皇宮、神武天皇社と呼ばれ、今でも普通にここを〝神武さま〟と呼んでいる。

神武天皇の幼名が狭野命《さののみこと》。そのご誕生の場所に建っているのが、前作で参拝のときにグルグルと目が回るような体験を受けたと書いた狭野神社だ。

〝神武さま〟ことイワレヒコは15歳で皇太子《ひつぎのみこ》となり、宮崎で政《まつりごと》を司っていたが、当時はまだ全国統一されておらず、その名声は本州までは轟《とどろ》いていなかった。しかし45歳で中央に向かい、宮崎の美々津《みみつ》港から東征のため、出港したのである。

その船出の地には日本海軍発祥の地に大きなモニュメントが建ち、その後方にはひっそりとした立磐《たていわ》神社が建つ。本殿の後ろに回ろうとすると、まるで左側の岩が動いたように眼前に迫ってくる氣を感じさせる。

期待を込めて新しい道のりを進もうとするとき、前に立ちはだかる困難を最終的に取り払ってくれる力を与えてくれる神社なのである。ここのご朱印は、ほど近い美々津の愛宕《あたご》神社で扱っている。

神武天皇を祀る神社はどこでも、こうした困難を取り除いて最終的にはすべてを統治する氣を発散させているのだが、肝心の宮崎神宮は鳥居に入っただけで、よりピシッとした氣がみなぎっている。自分の力だけでは、どうにも叶えられないものが、不思議な力で導いてくれるといった感じなのだ。

そういえば、宮崎神宮を詣でたその日もこんなことがあった。

黒岩権宮司が本殿へと案内してくれたのであるが、手水舎から本殿までの間にニワトリが数羽。権宮司が「私はここに来て6年経ちますが、今までこの場所までニワトリが出てきたのははじめて見ました」。

宮崎神宮では珍しく鶏がお出迎え

いつもはここではない、もう少し奥のほうで飼われているという。

「きっと歓迎なさっているんですよ」と言ってくださり、御垣内から本殿の昇殿までさせていただいたのだ。

ニワトリは神話の時代から登場する鳥である。悪い事柄、困った事柄が起きたとき、ニワトリが助力する、まさに縁起のいい鳥なのだ。凛とした空氣はより清《す》んだものとなり、浮わついた心がおさまり、有り難くも昇殿して二礼二拍手を体験させていただいた。

また相殿に祀られているタマヨリ姫は、イワレヒコの母親だが、そこからは品格を感じ取ることができる。

特に女性は、よき妻、よき母になることを

応援してくれ、妻として女性として〝内助の功〟を発揮するパワーも与えてくれる。意外な出会い、玉の輿《こし》が現実のものになる力も。何はともあれ、すがすがしさと魅力溢れる力が飛び交う地なのである。

ここを参った後、この神社の背面に続く丘陵地に鎮座する摂社、皇宮神社にも出向いてほしい。ここで静かに拝むと自然と心が落ち着き、〝今自分の役目は何なのか？〟、自分の足りない部分を教えてくれるのだ。

隣接地には「皇軍発祥の地」のモニュメントが建つ。

美々津の地は、船で東征をスタートさせた場所、つまり海軍発祥でありこちらは陸軍。ここから歩を進め東征に当たった場所なのである。ここのご朱印は宮崎神宮でいただける。

大御神社《おおみ》（宮崎県）

宮崎県日向市伊勢ヶ浜1
0982-52-3406

アマテラスの大神を祀る〝日向《ひゅうが》のお伊勢さま〟。鳥居をくぐり境内に入る前に眼前に日向灘の大海原が見える。長寿を象徴する本殿横にある親亀岩、さらに子亀岩、孫亀岩はまるで見事な芸術品だ。今から100万年前、神社の沖にある海底火山の活動により、この海岸一帯は多量の火砕流が押し寄せ堆積、固まった凝灰岩である。

大海原の絶景の岩の上に建つ古社は、神武天皇が東征の際、航海の安全と武運長久を祈願した。本殿では潮風に当たりながら瞑想し感謝の言葉を掲げよう。

そのまま右手に歩くと、2003（平成15）年に発見された周囲30メートル、高さ4メートルの日本一の「さざれ石」、神座《かみくら》がある。境内拡張の際に見つかったものだが、その前に立って手を合わすと、固い決意に対する成就《じょうじゅ》の力を浴びることができる。

さらにその横手にある水溜り（水が干上がっている時期もある）の中には、丸い卵のような石がある。これが龍神の玉（霊）、ドラゴン・ボールといわれているものなのである。

ドラゴン・ボールといわれる龍神の玉（霊）

よく見てみると水の中に龍がいる氣が分かる。水と周囲の岩が龍の形に見えてくるのである。まさに龍の玉を抱いた龍神そのものである。ここはまさに海の神が存在している。

さらにもう一度本殿を通り過ぎ、境内東側に鎮座する鵜戸《うど》神宮の岩窟《がんくつ》へと進もう。

右側が海である細い参道を進み、狭く急な階段を降りると、波により柱状岩が浸食され造り出されたと思われるくぼみ、岩窟に赤い鳥居が見えてくる。ここは高千穂の天岩戸神社の天安河原を思わせる神秘的な光景である。

そのまま進んで龍神に出世や今後のすばらしい人生を祈る。暗い中、見落としがちであるが小さな社の左後ろの下部分に〝ここから

光の加減で昇り龍が見える

後ろをご覧下さい〃といった案内が書かれている。振り向くと、岩の入口部分のくぼみに日光が当たり、それがまさに天に昇る白龍の姿に見える。あまりの神々しさに思わず手を合わせたくなる。調査によって、これは古代の人々が龍神信仰のため人工的に作ったということが判明した。

まさに海の守り、そして龍の如き、あばれながらも天高く登ってゆく、大願を叶えるパワーをシャワーのように降り注いでくれるパワスポ神社である。

江田《えだ》神社（宮崎県）

宮崎県宮崎市阿波岐原町産母127
0985-39-3743

神話によれば、亡くなった妻イザナミに、もう一度会いたいと思い、夫のイザナギは黄泉《よみ》の国へ行った。しかしイザナミはすでに黄泉の国の食物を口にしていたため、体が腐敗していた。イザナギは逃げて帰り、体の穢《けが》れを洗い落とした。その場所がここだ。祝詞の祓《はらえことば》詞に登場する、「小戸の阿波岐原《あわぎはら》」である。そしてその場所で体を洗い清めているうちにアマテラス、ツクヨミ、スサノオが誕生することになっている。

その場所に建つ神社こそが江田神社。イザナギ、イザナミを祀っているが、そこはアマテラス姉弟誕生の地ともいえる。

鳥居をゆっくりと歩く。春は桜並木が心を浮き立たせてくれるが、ここはやはり過去を清算、今までの成果を報告し、さらなるレベルアップをいただく場所なのである。

ふたつめの鳥居の右手にある神木の楠は、それまでやってきたことを評価してくれる力がある。左手の手水舎でしっかりと手と口を洗ってそのまま拝殿へ。許されるならそのま

イザナギが穢れを洗い流したという小戸の阿波岐原のみそぎ池

ま靴を脱ぎ、できるだけ本殿に近づき、ここまで頑張ってこられた道への感謝を拝するのだ。現在、それが喜びの結果になっているのか、思ったとおりの結果を生めていないのかはそれぞれだが、この場所でさらなる進歩、成功を祈るために、ここまでの道のりのお礼をするのである。

本殿後ろから御池に行けるようになっていたが、現在は通行止めになっている。そのためもう一度おがたまの木まで戻り、そこから左折する道を通ってみそぎ池（御池）へと足を運ぶ。その道を歩いているだけで神秘の力が降り注いでいることが分かってくるのだ。

『古事記』の説明の看板を読み、眼前に広がるハスの葉池。ここでイザナギが罪穢れを拭《ぬぐ》ったというのだ。ここでアマテラスがスサノオが生まれたというのだ。

「それは神話である」「それは作り話にしか過ぎない」と、いくらうがった気持ちでみようとしても、ここにある圧倒的神秘性はホンモノ！

ここで今日まで、いや今の今までの自分をよく見つめてみよう。人間は自分ひとりの力だけでは生きてこられないと感じさせるものを秘めたパワーを存分に感じ、それをこれから先の人生の糧《かて》にしよう。

鵜《う》戸《ど》神宮（宮崎県）

宮崎県日南市宮浦3232
0987-29-1001

ここも神話どおりに不思議な力が溢れているオススメ神社。神話というより、昔話や童話としてもなじみ深い「海幸彦山幸彦」の話。

山彦が海彦から借りた釣り針をなくし、それを海の中に探しにゆく。しかしそこで山幸

（ホオリ命）は海の王、綿津見神《わたつみのかみ》（ワタツミ）の娘の豊玉姫神《とよたまのひめのかみ》（トヨタマ姫）と出会う。やっと釣り針が見つかり、帰ってきたとされる場所に建っているのが青島神社だが、ここは日本の神社とは違った雰囲氣を持っている。南国日向ゆえだろうか？

杉や楠ではなくビロー樹の葉陰の中の神社なのである。しかし海の世界でトヨタマは山彦の子を宿していた。海から地上へと、彼を追って大亀に乗ってやって来るのだ。

そこで海辺に鵜の羽を屋根にした産屋を作っている最中に産気づいてしまう。山幸に「のぞかないでほしい」と頼んだが、山幸は〝見るな〟の禁をおかす。なんと姫は正体であるワニに変わって出産していたのである。その産屋跡と言われるのが、鵜戸神宮なのである。

鳥居をくぐり断崖を打ち付ける波を眺めながら、下り宮の参道を下ってゆくと、海に面してぽっかりと、まるで口を開けたような岩窟がある。海食洞である。その洞窟の中に朱塗りの本殿が突如、現れてくる。その幻想的なたたずまいに、まずは息を呑む。

ここの霊氣は生命の誕生。そのため子宝祈願に訪れる人も多いが、新たな出発に対して後ろから後押しをしてくれる輝かしいパワーをいただくことができるのだ。まさに生命の誕生なのだ。自分では考えていなかった新たな道を定めてくれるパワーを持っている。そ

鳥居をくぐると岩窟の中に社殿がある

岩窟の中に建つ鵜戸神宮。岩に龍？
ワニ？　神が見える気が……

れがお導きである。

それこそが最終的に〝よかったね！〟という結果への導きの力なのだ。

本殿を拝むとその裏側、つまり洞窟内に天井から大きく垂れ下がった岩が見える。山彦にワニの姿を見られた姫が、子供の成長を祈り、自分の乳房を引きちぎって洞窟の天井につけたものと伝わる。お乳岩と呼ばれるのだ。ここからしたたる清水を母乳代わりとして、鵜戸神宮の祭神、鵜葺草葺不合命《うがやふきあえずのみこと》（ウガヤ）は育ったとされる。ウガヤの神こそが神武天皇の父である。

えっ？　と、いうことは日本の初代天皇の祖母は、ワニだったということか？　異類婚《いるいこん》だというのか？　私にはこれが海遠くにある異国という意味にもとれるし、海人族という気もする。和邇《わに》氏という古代有力豪族のことかもしれないと思っているが、それらは次回作に譲ろう。

霧島東神社（宮崎県）

宮崎県西諸県郡高原町蒲牟田6437
0984-42-3838

霧島権現を祀る霧島六社のうちの一社だが、ここは神仏習合のにおいが多く残されている神社だ。霧島の峰に建つ霧島東神社でこんなことに遭遇した。私たちの前に3名の女性の一行がお参りしていたのだが、昇殿して神前で聞こえてきたのが、「かけまくもかしこき○○の大神様」の祝詞ではなく、「観自在菩薩。行深般若波羅蜜多時。照見五蘊皆空……」という般若心経の経文だったのである。

確かに般若心経は、「神前にては宝の御経、仏前にては花の御経、まして人間のためには祈念祈禱の御経」というのだから、はたして間違いであるとは思えないのだが、ここの神社の主祭神はイザナギ、イザナミである。

イザナギとイザナミは、日本の国を完成させるため、混沌《こんとん》としていた大地に天から天沼《あめのぬ》矛《ぼこ》という槍《やり》や薙刀《なぎなた》の前身であるとされる矛を突き立てたというが、ここ霧島の高千穂頂上には、その別称ともされる天逆鉾《あまのさかほこ》が突き刺さっており、それは霧島東神社の社宝なのである。宮崎県の高千穂峡とともに、この地はニニギが降誕した有力地である。

そんな神が下りたともされる場所で般若心経とはどういうことだろうか？　珍しいことにこの神社神門に連なる鳥居は、木と木を注連縄で結んでいる鳥居なのである。そこをほかの神社と同じように一揖してから、本殿へと進むのだ。

ここは霧島大噴火の後に性空《しょうくう》という僧が霧島に入り、ここに錫杖院《しゃくじょういん》というお寺を建てた。その後、神仏分離令が出るまで、何度も噴火の被害に遭いながらも、神と仏が住まう場所として崇められてきた場所なのだ。

黒木宮司によると「今でもおじいちゃん、おばあちゃんは、この霧島には神さんと仏さんがいらっしゃるという方が多いんですね。私も皇學館大学を卒業して、この場所に帰ってきましたが、ここでは祝詞だけではなく、お経も必要なんだということを学ばされました。はじめは驚きましたね。簡単に申せば、神様にはいちいちお願いごとをするものではない、それは失礼に当たる。ただただ守ってくださる存在なんですね。けれど仏さんにはあんなこと、こんなことを言葉でお願いできる。なんと申しましょう、神様をお父さん、仏さんをお母さんというように考えられるといいのかもしれません。私も卒業後に、修験の方（山伏）にも教えを乞い、仏教のことも勉強しましたよ。今でも護摩《ごま》を焚《た》くこともあるのです。地元の崇敬してくださるみなさんには、神は神、仏は仏と分けて考えることはないのでしょう」

苦しいときの神頼みだけではなく、日々の健康や生活に対して手を合わせる人たちのためには必要なことなのだろう。まさに初詣に行って、葬式を仏教で執り行うのが普通である日本人の本質そのままなのである。

黒木宮司の、「神は父のようで仏は母のよう……」の言葉に、私はとても納得したし感動した。そんな思いが導かれているのだろうか、この霧島のパワーも並大抵ではない。

神と仏が混合している力と記してしまうのは、的外れなのかもしれないが、私にはそうしか考えられないほかの神社とは違った氣を感じるのだ。

山々の残された自然から放たれるマイナスイオンゆえか、重厚さと尊厳さに満ち溢れている。本殿に昇殿し、そこで自分の思いを吐き出してしまえる、それを聞いてくれる力がある。その悩みの解決の糸口を教えてくれるのだ。

また忘れかけたやさしさを取り戻すパワーを秘めた神社でもある。ここここそが大和《やまと》の神たちが降誕した場所だからこそかもしれない。

霧島《きりしま》神宮（鹿児島県）

鹿児島県霧島市霧島田口2608-5
0995-57-0001

宮崎県と鹿児島県にまたがって聳《そび》える霧島連山の高千穂峰。6世紀頃、山頂に天孫降臨したニニギを祀る霧島神社が建てられた。しかし、火山噴火でたびたび焼失し、平安時代には高千穂河原に移されたが、これも文暦元（1234）年の火山噴火で焼失、霊峰を背にする現在地に遷されたのである。何といっても境内に広がる社殿の美しさとその後ろに聳える山のコントラストには思わず息を呑んでしまう。ここは人の心の中にある美しいものへの感動、神聖なものへの感銘をしっかりと思い起こさせてくれる。樹齢800年の神木の杉からは幸せと健康、真の出会いの力を発している。

今回私は、まず霧島東神社や東霧島《つまきりしま》神社などを詣でてから、高千穂峰登山道入口脇の高千穂河原にある古宮跡から拝した。前著に記した、「ああここそが、神が降臨した場所に違いない」と確信させた天孫降臨神籬《ひもろぎ》斎場である。やはり今回もその感動は全く薄れることはなかった。

ゾクゾクとする霧島神宮　占宮、
天孫降臨神籬斎場

鳥居をくぐっただけで、別ものののエネルギーに押し潰されそうになるのだ。そのまま前進して磐座の前に立つと、神秘さが少しずつ大きく近づいてくるのである。ここにふたたび訪れたことにただただ感謝するだけだった。

昨年、ここを訪ねたとき、私は『神社の謎』などという著書を書こうなどと思ってもいなかった。最終的にここ霧島を回ったことによって、書く〝役目〟を与えられた気がしてならないのである。心の中で、その〝役目〟への感謝を捧げた。

ここで崇高《すうこう》なエネルギーを注入してから、霧島本宮の現在の本宮へと訪ねたのである。

社殿の美しさが格別な霧島神宮

本宮ではフェイスブックの「友達」である光増権禰宜が待っていてくださり、丁寧にご案内を受け、特別に本殿まで昇殿させていただいた。まさにここの神社が持つ力は、人の中にある神聖な部分を思い出させてくれるものであり、光栄なる出会いの力なのである。

活力、継続力がアップし、どんどんと意思が強くなってゆく。高い志と強い思いを持った人を大きな舞台に導く運氣を発しているともされる。清らかさ、潔さ、ちょっとした小さなことでびくびくしたり、困ったりすることがなくなり、明るい道を歩く秘訣を自然に授けてくれるのである。その意味では縁切りの力も発揮していると思う。

ここを詣でたあと、全く無縁になる人がい

たり、今まであまり仲がよくなかった人間と深く関わるようになることがある。それは人生の縁結びであり、同時に悪縁との終結でもあるのだ。

参拝の後に、「おさがり」で「逆鉾九面《さかほこくめん》」というものをいただいた。「九面」と呼ばれる9つの面は、どんなことでも「工面」する力を持っているといわれている。ただし、邪心を持つ人間には即刻厳罰が下されるという。

一般公開されていない宝物殿には、その「九面」なる鬼面が残されている。その「九面」を特別に見させていただく幸運にも恵まれたのである。

ただただありがたい気持ちが充満した中で、見せていただいたためだろうか？　厳罰は今のところ下されていない模様であるが……。

（おもな参考文献）

●合田道人『全然、知らずにお参りしてた　神社の謎』祥伝社黄金文庫●島田裕巳『なぜ八幡神社が日本でいちばん多いのか』幻冬舎新書●木本誠二『謡曲ゆかりの古跡大成』中山書店●戸部民夫『八百万の神々』新紀元社●神社本庁教学研究所監『神道のしきたりと心得』池田書店●神社司庁『神宮』講談社●錦田剛志『出雲大社ゆるり旅』ポプラ社●楠本正『霧島山東御在所縁起』海鳥社●高千穂観光協会『高千穂の神社』●井上順孝監『すぐわかる　日本の神社』東京美術●鎌田東二監『すぐわかる　日本の神々』東京美術●長山泰孝監『古事記・日本書紀を歩く』ＪＴＢパブリッシング●戸部民夫『日本の神様がよくわかる本』ＰＨＰ文庫●森林太郎ほか『日本お伽集２』東洋文庫●川島俊雄ほか『妙義山』（あさを社）●一条真也監修『パワースポット神社へ行こう』ＰＨＰ文庫●神尾登喜子『一度は行きたい神社・お寺のご朱印散歩』新人物文庫●『週刊　日本の神社』デアゴスティーニ●深見東州『神社で奇跡の開運』タチバナかっぽれ文庫●瓜生中『知っておきたい日本の神話』角川ソフィア文庫●武澤秀一『伊勢神宮と天皇の謎』文春新書●合田道人『伝え残したい童謡の謎ベスト・セレクション』祥伝社●所功『ようこそ靖國神社へ』近代出版社●宮崎市神話・観光ボランティア協議会『ひむか神話伝説』鉱脈社●若月佑輝郎『このパワースポットがすごい！』ＰＨＰ文庫ほかまた、お伺いさせていただいた神社のご由緒やホーム・ページ、市町村や観光協会のパンフレットなども参考にさせていただきました。お話を伺いました神社の神職の皆々様、

ほんとうにありがとうございました。

一〇〇字書評

切り取り線

購買動機（新聞、雑誌名を記入するか、あるいは○をつけてください）	
□（　　　　　　　　　　　　）の広告を見て	
□（　　　　　　　　　　　　）の書評を見て	
□ 知人のすすめで	□ タイトルに惹かれて
□ カバーがよかったから	□ 内容が面白そうだから
□ 好きな作家だから	□ 好きな分野の本だから

●最近、最も感銘を受けた作品名をお書きください

●あなたのお好きな作家名をお書きください

●その他、ご要望がありましたらお書きください

住所	〒				
氏名		職業		年齢	
新刊情報等のパソコンメール配信を 希望する・しない	Eメール	※携帯には配信できません			

あなたにお願い

この本の感想を、編集部までお寄せいただけたらありがたく存じます。今後の企画の参考にさせていただきます。Eメールでも結構です。

いただいた「一〇〇字書評」は、新聞・雑誌等に紹介させていただくことがあります。その場合はお礼として特製図書カードを差し上げます。

前ページの原稿用紙に書評をお書きの上、切り取り、左記までお送り下さい。宛先の住所は不要です。

なお、ご記入いただいたお名前、ご住所等は、書評紹介の事前了解、謝礼のお届けのためだけに利用し、そのほかの目的のために利用することはありません。

〒一〇一-八七〇一
祥伝社黄金文庫編集長　吉田浩行
☎〇三（三二六五）二〇八四
ohgon@shodensha.co.jp

祥伝社ホームページの「ブックレビュー」からも、書けるようになりました。
http://www.shodensha.co.jp/bookreview/

祥伝社黄金文庫

さらにパワーをいただける 神社《じんじゃ》の謎《なぞ》

平成26年9月10日　初版第1刷発行

著　者　合《ごう》田《だ》道《みち》人《と》

発行者　竹内和芳

発行所　祥伝社《しょうでんしゃ》

〒101－8701
東京都千代田区神田神保町3－3
電話　03（3265）2084（編集部）
電話　03（3265）2081（販売部）
電話　03（3265）3622（業務部）
http://www.shodensha.co.jp/

印刷所　堀内印刷

製本所　ナショナル製本

Printed in Japan　©2014, Michito Goda　ISBN978-4-396-31648-8 C0195

祥伝社黄金文庫

石原加受子《かずこ》
「もうムリ！」しんどい毎日を変える41のヒント
「何かいいことないかなぁ」が口癖のあなたに。心の重荷を軽〜くして、今よりずっと幸せになろう！

伊藤弘美
泣き虫だって社長になれた
夢をカタチにする方法
28歳独身。経験ゼロ。借金あり——マイナスからのスタートにも負けないそのパワーと笑顔の秘密に迫る。

岩野礼子
ひとり暮らしのロンドン
憧れの屋根裏部屋からスタート。自己流イギリス料理を楽しみ、ロンドンの四季に親しむ珠玉エッセイ。

植西　聰《あきら》
悩みが消えてなくなる60の方法
あなたには今、悩みがありますか？心配する必要はありません！これで悩みが消えてなくなります。

植西　聰《あきら》
弱った自分を立て直す89の方法
落ちこんでも、すぐに立ち直れる人は知っている！人生の〝ツライこと〟を受け流すための小さなヒント。

臼井由妃《うすいゆき》
幸せになる自分の磨き方
もったいない！もっとハッピーになれるのに……。仕事。恋愛。お金。知性。みんな選んでいいんです。

祥伝社黄金文庫

遠藤周作
信じる勇気が湧いてくる本
苦しい時、辛い時、恋に破れた時、生きるのに疲れた時……人気作家が贈る人生の言葉。

遠藤周作
愛する勇気が湧いてくる本
恋人・親子・兄弟・夫婦……あなたの思いはきっと届く！ 人気作家が遺《のこ》した珠玉の言葉。

岡田桃子
神社若奥日記
新妻が見た、神社内の笑いと驚きのドキュメント。二千年続く神社に嫁入りした若奥様の神社〝裏〟日記！

小川仁志《ひとし》
哲学カフェ！
人間は結婚すべきか？ 権力は悪か？ 人間はどうやって死を受け入れるか？……17テーマを哲学する。

甲野《こうの》善紀《よしのり》
荻野《おぎの》アンナ
古武術で毎日がラクラク！
疲れない、ケガしない「体の使い方」
重い荷物を持つ、階段を上る、肩こりをほぐす、老親を介護するetc.……体育「2」の荻野アンナも即、使えたテクニック！

金子由紀子
40歳からのシンプルな暮らし
「これから」をラクに生きる自分整理術
スッキリ！ だけど贅沢なのはなぜ？ いらないモノがなくなったら、お部屋も心も晴れました。